MANUAL DE
guitarra

MASSIMO MONTARESE

LIBSA

© 2021, Editorial LIBSA
C/ San Rafael, 4 bis, local 18
28108 Alcobendas, Madrid
Tel. (34) 91 657 25 80
e-mail: libsa@libsa.es
www.libsa.es

ISBN: 978-84-662-4115-1

Derechos exclusivos de edición para todos
los países de habla española.

Traducción: Ernesto Baracchi

© The Twin Brothers
L.I.BER progetti editoriali

Título original: *La chitarra per tutti*

DL: M 7333-2021

Impreso en España / *Printed in Spain*

CONTENIDO

PRÓLOGO

Cuando se afronta la redacción de un manual de guitarra con fines didácticos, dirigido al gran público de aprendices y amantes del tema en general, se trata de incluir en él una serie de nociones que supongan un mínimo, pero completo, conocimiento de los fundamentos técnicos del instrumento tratado.

Las raíces de la guitarra las encontramos en la tradición popular y, a diferencia de otros instrumentos aparentemente «nobles», éste ha desarrollado y reglamentado la mayor parte de su enseñanza a lo largo del siglo pasado, basándose en un repertorio constituido por transcripciones y partituras originales. Este camino, iniciado a principios del siglo XX por autores y guitarristas como F. Sor o M. Giuliani, ha llevado a nuestro instrumento a situarse entre los más relevantes en las salas de conciertos, llegando a su máximo esplendor con figuras épicas y pioneras como E. Pujol y el insuperable A. Segovia.

La cultura de la guitarra es, por tanto, el punto de referencia para todos aquellos que inician su aprendizaje. Aún así, no es menos cierto que, para un mundo que se apoya en técnicas y repertorios oficialmente reconocidos y reglamentados, existen otros mundos en continuo desarrollo que buscan su dimensión real, su propio lugar. Sin llegar a adentrarnos en inútiles hipótesis históricas, bastaría con mirar a nuestro alrededor, en los medios de comunicación por ejemplo, para constatar la variedad de géneros musicales en los que la guitarra encuentra su propio lugar.

Desde los repertorios de origen afroamericano a la tradición de los cantautores, desde el rock más radical al sonido arcaico de la música celta, pasando por las culturas folklóricas de medio mundo, la guitarra ha experimentado una serie de metamorfosis que han alterado los cánones constructivos y las técnicas ejecutivas sobre las que se había apoyado originalmente. Por lo tanto, la finalidad de una obra didáctica sobre guitarra para iniciados no es la creación de un tratado enciclopédico o exhaustivo, sino sugerir y organizar una serie de ejercicios que, practicados con regularidad, lleven al lector a razonar sobre este instrumento para conocer los principios que lo rigen.

Y como, recordando una frase del célebre guitarrista de jazz F. Mariani: "La guitarra es un instrumento fácil de aprender mal", aconsejamos la atenta lectura de cada una de las partes que componen esta obra y una práctica diaria de la materia estudiada. De este modo será posible llevar a cabo un correcto y efectivo aprendizaje.

Dejaremos en manos del lector la valoración de si ha alcanzado o no los fines propuestos por el autor de este libro, y esperamos haber servido de trampolín hacia el conocimiento de unas formas musicales más complejas y evolucionadas.

Massimo Montarese

INTRODUCCIÓN

La guitarra clásica data de mediados del siglo XVI y forma parte de la tradición artística y el acervo cultural de algunos de los grupos con una ideosincracia más clara dentro del panorama musical, como el flamento; ha servido como acompañamiento a las formas más típicas de expresión para los cantautores.

Naturalmente aquel instrumento no tiene mucho que ver con la guitarra que conocemos actualmene, sobre todo en el aspecto técnico. A principios de los años treinta, los músicos de EE.UU. empezaron a tocar *blues* y sintieron la necesidad de incluir nuevos sonidos en sus instrumentos musicales. De esta forma surgen las primeras guitarras electro-acústicas, que amplificaban su sonido a través de una pastilla electromagnética colocada entre el mástil y el puente. Este fue el verdadero momento de la revolución dentro de la construcción de guitarras eléctricas.

En los años sesenta ya se empezaba a perfilar lo que sería la guitarra eléctrica tal y como la conocemos en los últimos años. La guitarra eléctrica ha sido el alma de la música *rock* y ha ocupado un lugar destacado dentro de la música pop y la música ligera de los últimos cuarenta años. Los diferentes tipos de guitarra han evolucionado y se han ido adaptando a los diversos géneros musicales; de esta forma tenemos:

Guitarra clásica: se caracteriza por una caja hueca y cuerdas de nylon.
Guitarra flamenca: es una variante de la anterior, con la misma caja y las mismas cuerdas. Normalmente con menor tamaño y distinta madera.
Guitarra acústica: tiene una caja hueca de mayor tamaño y cuerdas metálicas.
Guitarra electroacústica: es igual que la acústica, pero amplificada.
Guitarra eléctrica: con caja hueca o sólida, cuerdas metálicas y amplificada.

La guitarra es uno de los instrumentos musicales más tradicionales y de uso frecuente, lo que puede llevar a pensar que es sencillo su aprendizaje. Nada más lejos de la realidad. Podemos hacer un simple acompañamiento sin demasiados esfuerzos, pero el talento creativo y el dominio de un buen guitarrista no es algo improvisado, requiere largas horas de entrenamiento y un conocimiento profundo de los mecanismos que mueven esas cuerdas tensadas, que bajo las órdenes de nuestras manos pueden transformar el silencio en un sonido sublime.

Primera parte

NOCIONES DE TEORÍA

NOCIONES DE TEORÍA Y SOLFEO

● *Las notas musicales*

Para la representación gráfica de las notas se usa un sistema de 4 espacios y 5 líneas llamado *pentagrama*:

Las notas, que indican los sonidos, se colocan en el pentagrama siguiendo la numeración progresiva de espacios y líneas. El nombre de cada nota está determinado por un símbolo llamado clave, que se sitúa al principio de cada pentagrama.

La clave usada para la escritura en guitarra se llama *clave, de sol o clave de violín* 𝄞

Su función es la de definir la posición de la nota *sol* en la segunda línea del pentagrama, obteniendo así la posición del resto de las notas.

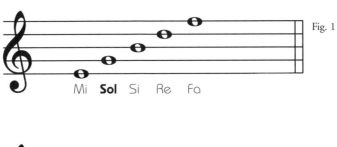

Fig. 1

Fig. 2

El conjunto de las notas en las líneas (ver figura 1) y el de las notas en los espacios (ver figura 2) constituye el orden de los sonidos desde el más *grave** hasta el más *agudo**, especificando la altura.

Fig. 3

Mi   Fa   Sol   La   Si   Do   Re   Mi   Fa

En el caso de los sonidos cuya altura sea mayor o inferior a las notas indicadas en la figura 3, usaremos lo que se denominan «líneas adicionales»:

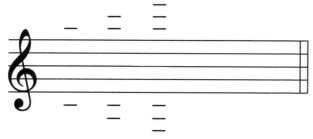

cuya función es representar fragmentos de líneas y espacios (externos al pentagrama) para ampliar el abanico de sonidos disponibles:

Fig.

Do   Re   Mi   Fa   Sol   La   Si   Do   Re   Mi   Fa   Sol   La   Si   Do

*Entendemos por *grave* los sonidos localizados en las cuerdas bajas o de mayor dimensión. Por *agudo,* los localizados en las cuerdas más finas del instrumento.

la figura 4 muestra la anotación de la escala mayor de *do*, con la extensión de dos *octavas**, ayudada por las líneas adicionales.

● *Valores rítmicos*

Una vez indicada la altura de cada nota mediante su posición en el pentagrama, es necesario representar gráficamente su duración: usaremos siete grafías diferentes para siete valores distintos:

Redonda o 4/4   Corchea ♪ 1/8   Semifusa ♬ 1/64

Blanca ♩ 2/4   Semicorchea ♬ 1/16   Fig. 5

Negra ♩ 1/4   Fusa *r* 1/32

Como los sonidos, también se deben indicar gráficamente los silencios.

Técnicamente definidos como *pausas*, tienen su propia simbología y su duración se define como se muestra en los valores de la figura 5.

Redonda ▬ 4/4   Corchea 𝄾 1/8   Semifusa 𝄿 1/64

Blanca ▬2/4   Semicorchea 𝄾 1/16

Negra 𝄽 1/4   Fusa 𝄿 1/32

La equivalencia entre sonidos y pausas es la siguiente:

*Para aclarar el concepto de *octava* ver pág. 25.

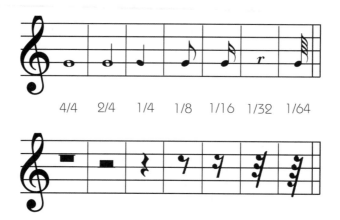

4/4   2/4   1/4   1/8   1/16   1/32   1/64

● *Las claves*

Como se apuntó anteriormente, la *clave* indica la extensión disponible en el pentagrama: al ser imposible recoger en una sola clave la totalidad de los sonidos (esto haría necesario un elevado número de líneas adicionales) variaremos la clave en función de la extensión y del instrumento utilizado.

Para la guitarra usaremos exclusivamente la *clave de sol* (símbolo de la clave de *sol*).

Las claves disponibles son:

Clave de *sol*, de violín

Clave de *fa* en cuarta
línea, de bajo

Clave de *fa* en tercera
línea, de barítono

Clave de *do* en primera
línea, de soprano

Clave de *do* en segunda
línea, de mezzo soprano

Clave de *do* en tercera
línea, de contralto

Clave de *do* en cuarta
línea, de tenor

Las claves dan nombre a la nota situada en el pentagrama de tal modo que se obtienen las otras sucesivamente.

● *El ritmo*

Por ritmo entendemos una serie de *pulsaciones*, o *movimientos*, que se manifiestan de manera regular en el tiempo. Las pulsaciones, que indicaremos provisionalmente con líneas diagonales en el pentagrama, están unidas en combinaciones llamadas *compases* o *medidas* y representadas gráficamente con líneas verticales denominadas *líneas divisorias*. El número indicado al comienzo del pentagrama definirá los movimientos para cada medida. El primero de estos movimientos será el más importante, pues establecerá el inicio de la medida: el *acento fuerte* indicado en la figura 6 sobre el pentagrama atribuirá al primer movimiento el énfasis necesario.

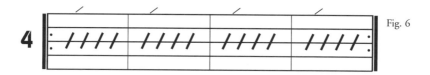

Fig. 6

El ejemplo del gráfico anterior ilustra una serie de cuatro medidas, cada una de ellas compuesta de cuatro compases. Existen combinaciones más simples, con dos o tres movimientos, que unidas al ejemplo anterior constituyen el conjunto de los *ritmos simples*.

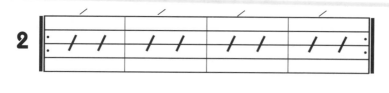

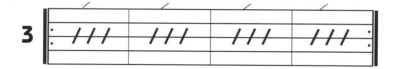

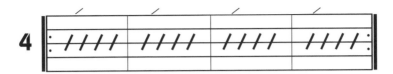

Hablar entonces de un ritmo 2/4, 3/4 o 4/4 significa indicar medidas con movimientos cada uno con una duración de: ♩ 1/4.

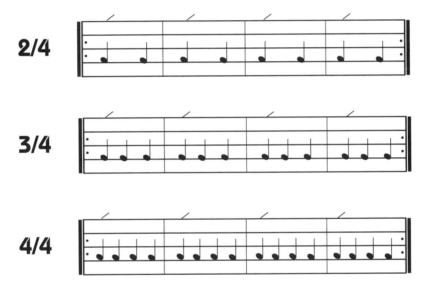

Los ritmos simples no son más que una parte de las configuraciones disponibles.

Observemos ahora otras formas de ritmo diferente llamados *ritmos compuestos* que están en relación directa con los ejemplos anteriores.

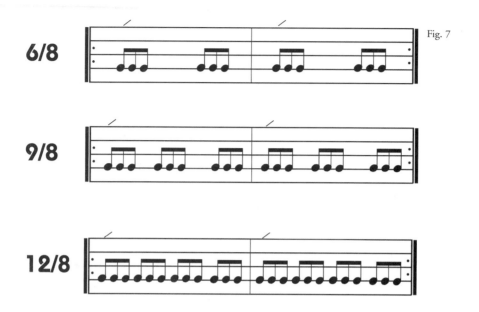

Fig. 7

Se trata en definitiva de subdividir cada movimiento de 1/4 de duración (ver figura 7) en un conjunto de tres notas con la duración de una corchea, considerando cada una de ellas como movimiento de referencia.

● *Ejemplos*

Ahora procederemos a aplicar aquello que hemos expuesto a nivel teórico:

Para subdividir en forma de solfeo la figura 1 bastará contar en progresión cada uno de los movimientos por cada pulsación como indican los números entre paréntesis: es especialmente importante mantener una velocidad constante de pronunciación (ayudándose de vez en cuando con un metrónomo) resaltando los números **1** de cada pulsación.

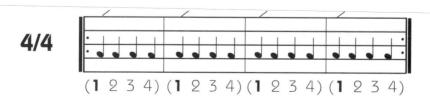

Después de haber realizado el ejemplo en 4/4, apliquemos el mismo principio para el resto de los ritmos simples.

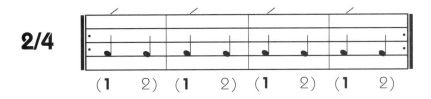

En el caso de los ritmos compuestos contaremos la subdivisión en tres corcheas por cada movimiento indicado por el metrónomo:

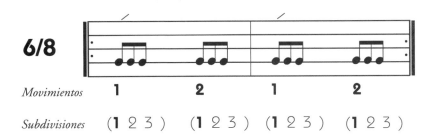

Llevaremos ahora el mismo principio al resto de los ejemplos de ritmos compuestos:

En el caso de los *ritmos irregulares* tenemos ejemplos que resultan ser la combinación articulada de los ritmos en dos, tres o cuatro movimientos (todavía no profundizaremos en este tema):

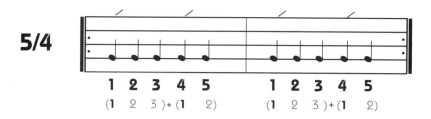

en definitiva la fracción que indica el ritmo define, con el numerador, la cantidad de movimientos por cada medida y, a través del denominador, la duración de cada uno de ellos.

● *Ejemplos de solfeo*

Ayudándonos de un metrónomo, que mantendrá constante la velocidad de los movimientos, pronunciaremos la sílaba de la nota colocada en el pentagrama con la duración que indica la figura:

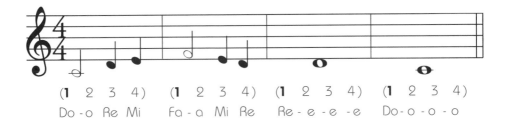

El compás de 4/4 puede ser sustituido a veces por el símbolo 𝄴.

● *Alteraciones*

El intervalo mínimo disponible entre dos notas consecutivas es de un *semitono**. Para variar un sonido natural, subiéndolo o bajándolo un semitono, usaremos una simbología particular:

sostenido: ♯ sube la altura del sonido un semitono

bemol: ♭ baja la altura del sonido un semitono

doble sostenido: × sube la altura del sonido un tono

doble bemol: ♭♭ baja la altura del sonido un tono

becuadro: ♮ establece el sonido natural

Cuando las alteraciones se indican justo a continuación de la clave al principio de la partitura, se dice que son *propias* e indican la tonalidad. Se llaman *accidentales* cuando se colocan al lado de cada nota: son válidas dentro del compás en el que se encuentra la alteración.

*El semitono corresponde al avance de un solo traste en la guitarra.

Así es posible indicar la sucesión de semitonos que da origen a la *escala cromática*:

Do Do# Re Re# Mi Fa Fa# Sol Sol# La La# Si Do

Fig. 8

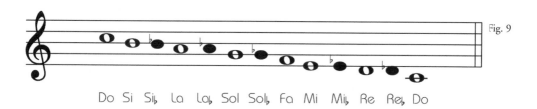

Do Si Si♭ La La♭ Sol Sol♭ Fa Mi Mi♭ Re Re♭ Do

Fig. 9

La figura 8 muestra el uso de los # sostenidos en el orden ascendente, al contrario de la figura 9, que aprovecha el uso de los ♭ (bemoles) para indicar los semitonos en la sucesión descendente.

Del análisis de estos dos ejemplos podemos observar cómo entre la nota *do* y la nota *re* hay un sonido intermedio llamado *do#* en el orden ascendente y *re♭*, en el descendente.

Si *do#* corresponde a *re♭* obtendremos las siguientes equivalencias:

re#=mi♭,
fa#=sol♭,
sol#=la♭,
la#=si♭.

En el ámbito de *una octava*, desde un do hasta el inmediatamente sucesivo (sea hacia los agudos o hacia los sonidos graves), hay doce semitonos: es importante observar que los intervalos mi–fa y si–do son de un semitono y, por lo tanto, no tienen alteraciones.

● *Escalas*

Entendemos por escala una serie de notas ordenadas progresivamente, en orden ascendente o descendente, a partir de una nota hasta conseguir la octava correspondiente.

La escala de *do*, conocida por todos, corresponde exactamente al modelo de *escala diatónica mayor*: que consiste en ocho notas (o grados) y siete intervalos ordenados de la siguiente manera:

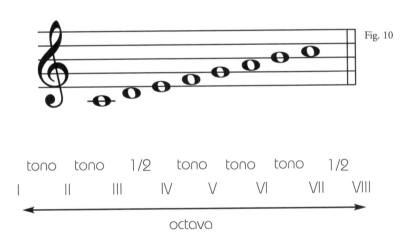

Fig. 10

En el ejemplo anterior, vemos cómo la distancia de *un tono* resulta ser la suma de dos semitonos, y cómo el intervalo entre el III y el IV grados (mi–fa), VII y VIII (si–do) es, por naturaleza, de un solo semitono (1/2).

Compara los intervalos con los de las figuras 8 y 9.

Los grados de la escala, indicados con números romanos, pueden definirse de la siguiente manera:

I grado: tónica o fundamental
II grado: supertónica
III grado: mediante
IV grado: subdominante
V grado: dominante
VI grado: superdominante
VIII grado: sensible
VIII grado: tónica o fundamental

● *Intervalos*

Se llama intervalo a la distancia entre dos notas. La distancia entre do y fa es de un *intervalo de cuarta* porque comprende cuatro notas: **do**–re–mi–**fa**.

Los intervalos se definen no sólo de manera numérica, sino también de manera cualitativa. Así, tenemos cinco categorías diferentes de intervalos: *justos* (o perfectos), *mayores, menores, disminuidos, aumentados*.

Intervalos justos o perfectos

unísono   cuarta   quinta   octava

Intervalos mayores

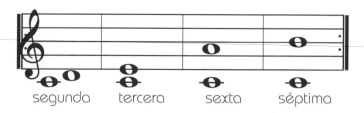

segunda   tercera   sexta   séptima

Intervalos menores

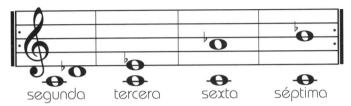

Intervalos disminuidos (ejemplos)

Intervalos aumentados (ejemplos)

De la observación de los ejemplos se deduce que en una escala mayor, a partir de la fundamental, hay presentes cuatro intervalos mayores (do–re, do–mi, do–la, do–si) y tres intervalos justos (do–fa, do–sol, do–do).

Podemos observar también cómo los intervalos menores corresponden a intervalos mayores disminuidos un semitono (♭): por intervalos disminuidos entendemos aquellos justos disminuidos en medio tono o los intervalos menores disminuidos un semitono. Por el contrario, entendemos por aumentados los intervalos mayores y justos aumentados en un semitono. Los intervalos se pueden extender más allá de la simple octava:

• **Intervalo de novena:** una octava más una segunda (do–re de la octava sucesiva)

Intervalo de décima: una octava más una tercera (do–mi de la octava sucesiva)

• **Intervalo de undécima:** una octava más una cuarta (do–fa de la octava sucesiva)

• **Intervalo de duodécima:** una octava más una quinta (do–sol de la octava sucesiva)

• **Intervalo de décimotercera:** una octava más una sexta (do–la de octava sucesiva)

Hemos considerado hasta ahora los intervalos en orden ascendente: do–fa es un intervalo de cuarta en orden ascendente (**do–re–mi–fa**). Si queremos evaluar el intervalo do–fa en sentido descendente verificaremos la distancia obteniendo un intervalo de quinta descendente: (**do–si–la–sol–fa**).

Por lo tanto, es necesario evaluar la inversión de los intervalos siguiendo la siguiente tabla:

• La inversión del unísono corresponde a la octava
• La inversión de la segunda corresponde a la séptima
• La inversión de la tercera corresponde a la sexta
• La inversión de la cuarta corresponde a la quinta
• La inversión de la quinta corresponde a la cuarta
• La inversión de la sexta corresponde a la tercera
• La inversión de la séptima corresponde a la segunda
• La inversión de la octava corresponde al unísono

● *Tonalidad*

Es el conjunto de las notas de una escala que, oportunamente alteradas para respetar el modelo de *escala diatónica mayor* (ver figura. 10), nos indican la *tónica* o *fundamental* de dicha escala. De esta manera la nota que define la escala se convierte en una especie de **centro de gravedad sonoro.**

Todo lo expuesto hasta ahora podrá aclararse posteriormente en este ejemplo:

Afirmar que una partitura sea en *sol mayor*, significa darle a la nota *sol* la mayor importancia entre las notas a ejecutar. De ella saldrá la serie de ocho notas que constituyen la octava de la escala de *sol,* con las alteraciones necesarias, para respetar los intervalos del modelo de la escala mayor.

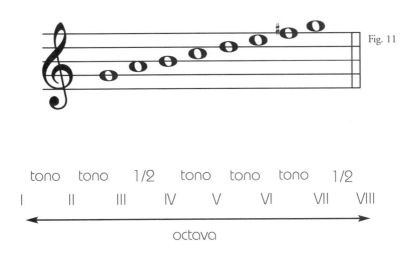

Fig. 11

Para indicar la tonalidad en el pentagrama agruparemos las alteraciones inmediatamente después de la clave al comienzo de la partitura: cada nota correspondiente a las alteraciones indicadas (*accidentales*) será, consecuentemente, alterada. En el caso de la figura 11, todos los *fa* serán *sostenidos*.

Para deducir las alteraciones propias de cada tonalidad bastará desarrollar, a partir de cada nota disponible, todas las escalas mayores según el modelo conocido: obtendremos así una serie de tonalidades alteradas sólo por *sostenidos*, y otra serie alterada sólo por el uso de los *bemoles*.

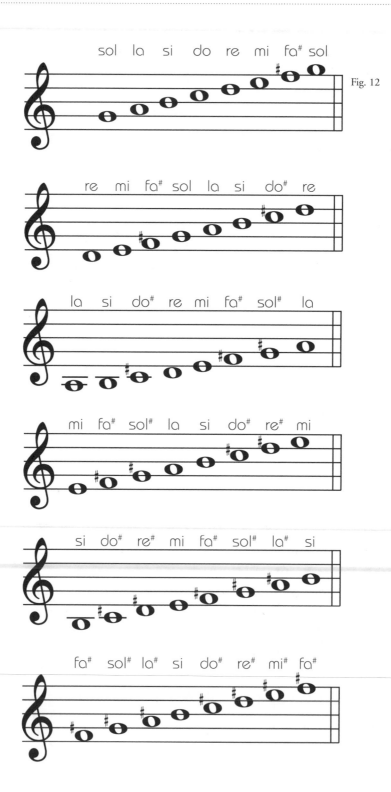

Fig. 12

Probemos ahora a reagrupar todas las alteraciones después de la clave de *sol*:

Tonalidad de Sol   Tonalidad de Re   Tonalidad de La   Tonalidad de Mi   Tonalidad de Si   Tonalidad de Fa#

Si comparamos la escala de *do mayor* (do–re–mi–fa–sol–la–si–do) con la primera escala con una alteración, es decir, la de *sol* (sol–la–si–do–re–mi–fa ♯-sol), observamos cómo a partir de la dominante de *do*, o de *sol*, obtenemos una nueva escala cuya alteración resulta ser inherente a su sensible. Aplicando este principio a la figura 12 se deduce la siguiente norma:

del V grado de cada escala se puede construir una nueva a la que corresponde sólo una nota alterada de más comparada con la precedente; esta última es siempre la sensible de la nueva escala.

Una vez examinadas las tonalidades con los *sostenidos*, pasamos a analizar las tonalidades con los *bemoles*.

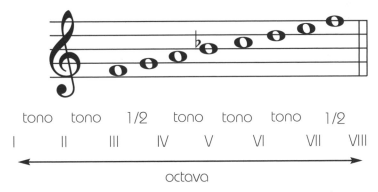

octava

Del estudio de la escala de fa del ejemplo, en relación con la escala de *do mayor* (**do**–re–mi–fa–sol–la–si–**do**), podemos observar cómo la primera se ha obtenido desde la *subdominante de do* (IV grado) poniendo un bemol después a su sensible. Se deduce pues que:

de cada subdominante de una escala (IV arriba o V abajo) se obtiene una nueva disminuyendo en un semitono (bemol) la altura de la sensible de la escala precedente.

Probemos ahora a reagrupar todas las alteraciones tras la clave de *sol*.

Tonalidad de Fa   Tonalidad de Si♭   Tonalidad de Mi♭   Tonalidad de La♭   Tonalidad de Re♭   Tonalidad de Sol♭

Podemos añadir que, en lo que respecta a las escalas de *do sostenido* y *do bemol*, tendremos todas las notas alteradas.

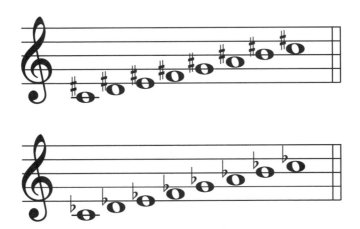

● *Modo mayor y modo menor*

Los dos aspectos tímbricos inherentes a una misma tonalidad se llaman modos: *mayor* y *menor*. Si recordamos la composición de la escala diatónica mayor (ver figura 10), observaremos que el intervalo de dos tonos enteros entre la *tónica* y la *mediante (llamado de tercera mayor)* caracteriza el sonido de la escala. A partir del VI grado de la escala mayor obtendremos una escala nueva con un nuevo orden de los intervalos; más concretamente, el intervalo entre la tónica y la mediante (intervalo de tercera menor) será de un tono y medio y definirá la escala como menor natural.

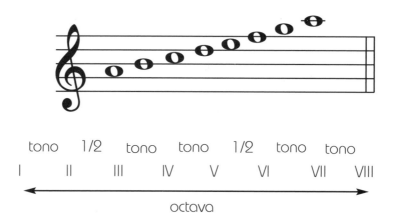

tono   1/2   tono   tono   1/2   tono   tono

I   II   III   IV   V   VI   VII   VIII

octava

Para que el intervalo entre los grados VII y VIII sea similar al intervalo correspondiente en el modo mayor (*un semitono*) se altera la nota *sol* en *sol sostenido* obteniendo así lo que se conoce como *escala menor armónica*:

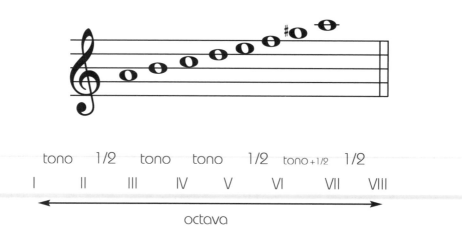

tono   1/2   tono   tono   1/2   tono+1/2   1/2

I   II   III   IV   V   VI   VII   VIII

octava

Para que el sonido sea más homogéneo, reduciendo por lo tanto el intervalo de un tono y medio entre los grados VI y VII, podemos tener en cuenta el sonido de la *escala menor melódica ascendente*: la característica de esta escala es la de presentar alteraciones sólo en la fase ascendente, transformándose en *menor relativa* en fase descendente.

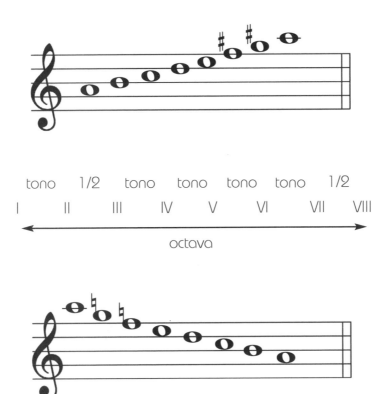

tono   1/2   tono   tono   tono   tono   1/2

I   II   III   IV   V   VI   VII   VIII

octava

● *Triadas*

Hasta ahora hemos tratado el aspecto melódico de la música, más concretamente los sonidos concebidos como notas. Sin embargo, se pueden tocar más notas a la vez respecto de la unidad de tiempo (*pulso*): por lo tanto es necesario conocer las reglas que rigen las relaciones entre los sonidos para poder entender, aunque sea de manera superficial, cómo afrontar la formación de los acordes. Entendemos por *triada* un conjunto de tres sonidos a intervalos de tercera el uno del otro: partiendo de la escala fundamental de *do mayor* obtendremos la estructura triádica do–mi–sol.

Probemos a construir ahora una triada para cada nota de la escala mayor según el modelo que acabamos de definir:

Re–fa–la, **Mi**–sol–si, **Fa**–la– do, **Sol**–si–re, **La**–do-mi, **Si**–re–fa.

Vamos a intentar trasladar al pentagrama las triadas que acabamos de citar:

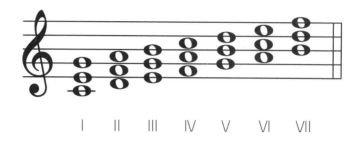

Probemos a construir ahora con el mismo principio, las triadas en la escala menor armónica:

La–do–mi, **Si**–re–fa, **Do**–mi–sol#, **Re**–fa–la, **Mi**–sol#–si, **Fa**–la–do, **Sol**#–si–re

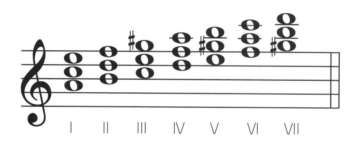

Es evidente que las triadas obtenidas mediante el proceso anterior de *armonización* de las dos escalas no son idénticas entre sí, pues cada una de ellas tiene un origen diferente. Así, estudiaremos los posibles modelos teóricos de las triadas disponibles basándonos en los intervalos que los componen y, por lo tanto, en la relación de las escalas de las cuales derivan.

Triada mayor	**I**	2 tonos	**III**	1 tono 1/2	**V**
Triada menor	**I**	1 tono 1/2	**III**	2 tonos	**V**
Triada aumentada	**I**	2 tonos	**III**	2 tonos	**V**
Triada disminuida	**I**	1 tono 1/2	**III**	1 tono 1/2	**V**

Analizando cada una de las triadas en relación con los ejemplos que hemos expuesto anteriormente obtenemos los siguientes modelos:

ESCALA MAYOR

Grados	Modelo						Triadas
I	**DO**	2 tonos	**MI**	1 tono 1/2	**SOL**	Mayor
II	**RE**	1 tono 1/2	**FA**	2 tonos	**LA**	Menor
III	**MI**	1 tono 1/2	**SOL**	2 tonos	**SI**	Menor
IV	**FA**	2 tonos	**LA**	1 tono 1/2	**DO**	Mayor
V	**SOL**	2 tonos	**SI**	1 tono 1/2	**RE**	Mayor
VI	**LA**	1 tono 1/2	**DO**	2 tonos	**MI**	Menor
VII	**SI**	1 tono 1/2	**RE**	1 tono 1/2	**FA**	Disminuida

ESCALA MENOR ARMÓNICA

Grados	**Modelo**						**Triadas**
I	**LA**	1 tono 1/2	**DO**	2 tonos	**MI**	Menor
II	**SI**	1 tono 1/2	**RE**	1 tono 1/2	**FA**	Disminuida
III	**DO**	2 tonos	**MI**	2 tonos	**SOL**$^{\#}$	Aumentada
IV	**RE**	1 tono 1/2	**FA**	2 tonos	**LA**	Menor
V	**MI**	2 tonos	**SOL**$^{\#}$	1 tono 1/2	**SI**	Mayor
VI	**FA**	2 tonos	**LA**	1 tono 1/2	**DO**	Mayor
VII	**SOL**$^{\#}$	1 tono 1/2	**SI**	1 tono 1/2	**RE**	Disminuida

De las triadas que acabamos de exponer derivan los acordes que se estudiarán en el próximo capítulo. En lo que respecta a los acordes más complejos (séptimas, etc.) remitimos al lector al capítulo *Acordes y su composición*.

Observando el esquema de la página 38 se deduce que de cada escala mayor derivará la siguiente sucesión de acordes:

I grado: acorde mayor
II grado: acorde menor
III grado: acorde menor
IV grado: acorde mayor
V grado: acorde mayor
VI grado: acorde menor
VII grado: acorde disminuido

La sucesión derivada de cada escala menor armónica será:

I grado: acorde menor
II grado: acorde disminuido
III grado: acorde aumentado
IV grado: acorde menor
V grado: acorde mayor
VI grado: acorde mayor
VII grado: acorde disminuido

● *Notación internacional*

En algunos casos es posible encontrar las notas indicadas con letras, en lugar de las sílabas de uso común. Más concretamente, en el caso de las partituras de origen angloamericanas, encontraremos las siguientes notaciones:

Do	Re	Mi	Fa	Sol	La	Si
C	D	E	F	G	A	B

Segunda parte

PRELIMINARES

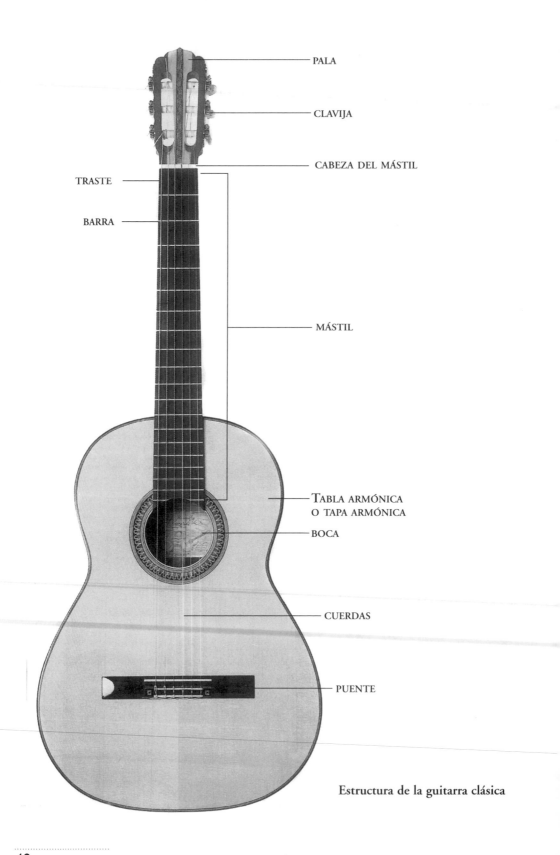

PALA

CLAVIJA

CABEZA DEL MÁSTIL

TRASTE

BARRA

MÁSTIL

TABLA ARMÓNICA
O TAPA ARMÓNICA

BOCA

CUERDAS

PUENTE

Estructura de la guitarra clásica

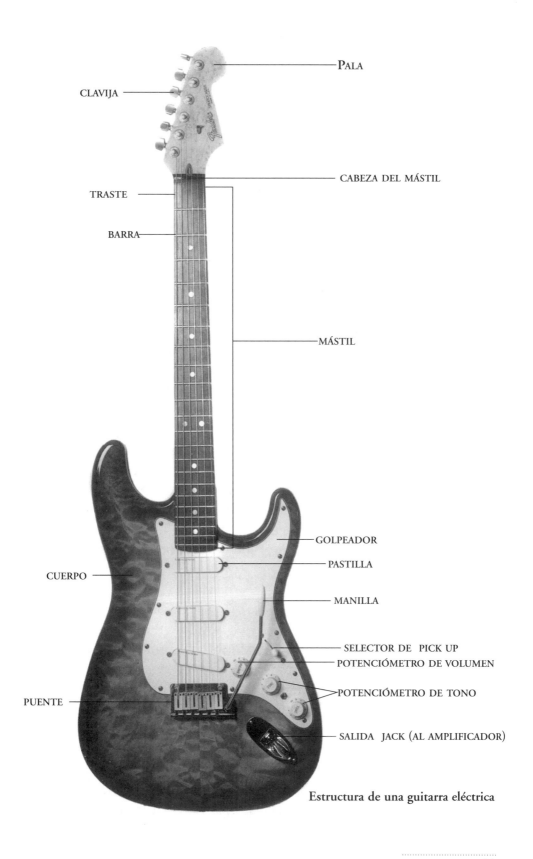

PALA

CLAVIJA

CABEZA DEL MÁSTIL

TRASTE

BARRA

MÁSTIL

GOLPEADOR

PASTILLA

CUERPO

MANILLA

SELECTOR DE PICK UP

POTENCIÓMETRO DE VOLUMEN

POTENCIÓMETRO DE TONO

PUENTE

SALIDA JACK (AL AMPLIFICADOR)

Estructura de una guitarra eléctrica

Para afinar la guitarra debemos hacer mención a un aparato que emita la nota *LA* a 440 Hz. Por lo tanto utilizaremos un *diapasón* o mejor aún un *afinador electrónico*: según la nota emitida por uno de estos instrumentos afinaremos el sonido de la quinta cuerda (contando a partir de la más fina) al aire.

Una vez finalizada esta operación, pisamos la quinta cuerda en correspondencia con el *V traste* para obtener el sonido que servirá de referencia para la *IV cuerda libre*.

Repetiremos la operación pisando la cuarta cuerda en el V traste para afinar a su vez la tercera cuerda al aire. Pasaremos entonces a afinar la segunda cuerda al aire cuya referencia será la tercera cuerda pisada en el IV traste. Repetiremos el principio del primer ejemplo y con la presión ejercida sobre la segunda cuerda en el V traste afinaremos la primera cuerda al aire. Ahora sólo faltaría la sexta cuerda que afinaremos tomando como referencia la quinta cuerda al aire: modificaremos la tensión de la sexta cuerda cogida en el V traste para obtener el sonido de la quinta cuerda al aire.

Afinar un instrumento, a pesar de lo simple que pueda parecer, requiere un gran cuidado y mucho tiempo para asimilarlo bien. Sólo con una práctica constante, unida a una dedicación cotidiana, con el tiempo conseguiremos alcanzar el nivel satisfactorio de sensibilidad necesario para apreciar las diferencias de sonido entre las diferentes cuerdas.

Posición

El guitarrista, siempre dependiendo del instrumento elegido, puede tocar sentado o de pie. En el primero de los casos convendrá tener la parte cóncava del instrumento sobre la pierna izquierda, que estará levemente más elevada respecto de la derecha (posición clásica), de modo que tenga el mástil del instrumento a la misma altura que la mano izquierda. También es posible sostener el instrumento sobre la pierna derecha, pero sin variar la altura de la pierna de apoyo. Si preferimos tocar de pie, utilizaremos una correa para colgarla del cuello que nos permitirá adoptar la misma postura que si estuviéra-

Posición clásica.

Postura de los dedos sobre el mástil.

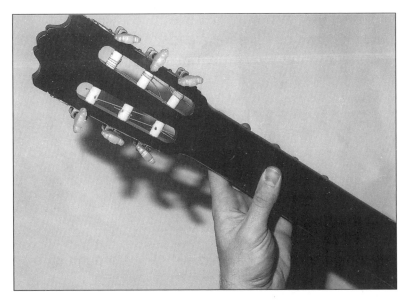

Posición de la
mano izquierda
sobre el mástil.

mos sentados. Las manos deberán colocarse en el instrumento buscando una posición relajada, pero que nos permita disponer de la fuerza necesaria para tocar cómodamente. En lo que concierne a la mano izquierda, el pulgar se colocará sobre la hipotética línea media del mástil sin que los dedos sobresalgan por la parte superior: estos ejercitarán una presión perpendicular a las cuerdas cercanas a las barras de metal que delimitan los trastes. Ninguna otra parte de la mano debe estar en contacto con el mástil, para evitar tensiones inútiles que puedan perjudicar nuestro estudio. En lo que concierne a la mano derecha, ésta debe «caer» sobre las cuerdas sin apoyar sobre la tabla armónica. Esta posición es posible apoyando exclusivamente el antebrazo derecho sobre la junta del aro y la tabla armónica (posición clásica). En el caso de utilizar una púa mantendremos el antebrazo paralelo a la tabla armónica haciendo girar la muñeca y moviendo la púa (firmemente cogida entre el pulgar y el índice) hacia arriba y hacia abajo. Para la mano derecha utilizaremos las iniciales de cada nombre propio de los dedos correspondientes:

P = pulgar
I = índice
M = medio
A = anular

Si utilizamos la púa haremos referencia a los gráficos que se usan para indicar el movimiento del arco en la técnica violinista.

⊓ : púa hacia abajo

V : púa hacia arriba

● *Ejercicios para la mano derecha*

Veamos ahora algunos ejercicios sólo para la mano derecha, que se ejecutarán sobre las cuerdas al aire.

- Tocar cada cuerda 4 veces al aire
- Tocar cada cuerda 2 veces al aire
- Tocar 1 vez cada cuerda al aire

Cada ejercicio debe ser ejecutado sobre cada una de las cuerdas de manera ascendente y descendente. En el caso de la ejecución con púa, se debe prestar mucha atención a la alternancia de los movimientos: uno hacia arriba y uno hacia abajo. Si se adopta la posición clásica, cada ejercicio debe ejecutarse sobre todas las cuerdas con los dedos índice y medio, prestando atención a las alternancias constantes entre ambos.

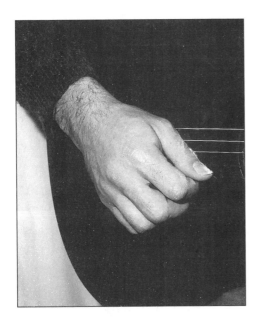

Mano derecha con púa (1).

Mano derecha con púa (2).

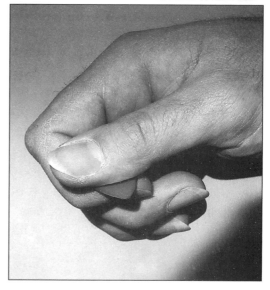

Mano derecha con púa (3).

Posición de la guitarra eléctrica usando la correa para sujetarla.

● *Ejercicios de coordinación*

Pasaremos ahora a observar algunos de los ejercicios necesarios para el calentamiento y la coordinación de las dos manos. Realizaremos los siguientes ejercicios aplicando los principios expuestos anteriormente, recordando que, para la mano izquierda debemos usar:

• El primer dedo (índice) para pisar las cuerdas sobre el primer traste.
• El segundo dedo (medio) para pisar las cuerdas del segundo traste.
• El tercer dedo (anular) para pisar las cuerdas del tercer traste.
• El quinto dedo (meñique) para pisar las cuerdas del cuarto traste.

● *Ejercicios*

* Tocar una cuerda al aire. Tocar después la misma cuerda pisando el **primer** traste.
* Tocar una cuerda al aire. Tocar después la misma cuerda pisando el **segundo** traste.
* Tocar una cuerda al aire. Tocar después la misma cuerda pisando el **tercer** traste.
* Tocar una cuerda al aire. Tocar después la misma cuerda pisando el **cuarto** traste.

Tocar después para cada cuerda las cuatro notas obtenidas pisando alternativamente los cuatro primeros trastes.

● *Arpegios*

Por arpegio entendemos la ejecución de cada una de las notas de un acorde situado en el mástil. La mano derecha aprovechará el pulgar para ejecutar las notas de las cuerdas bajas **(sexta, quinta y cuarta** cuerda); el índice para la **tercera** cuerda, el medio para la **segunda** y el anular para la **primera.**

He aquí algunos ejemplos con cuerda al aire, que habremos de aplicar sobre las posiciones de los acordes:

* Pulgar= 6 cuerda Índice= 3 cuerda   Medio= 2 cuerd   Índice= 3 cuerda
* Pulgar= 6 cuerda Medio= 2 cuerda   Índice= 3 cuerda Medio= 2 cuerda
* Pulgar= 6 cuerda Índice= 3 cuerda   Medio= 2 cuerda Anular= 1 cuerda
* Pulgar= 6 cuerda Anular= 1 cuerda   Medio= 2 cuerda Índice= 3 cuerda

Lectura de los diagramas

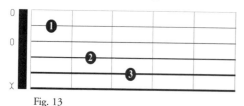

Fig. 13

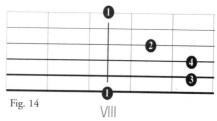

Fig. 14

VIII

Cabeza del mástil: Indicada por la línea negra de la izquierda.

Trastes: Son los espacios comprendidos entre las líneas verticales y se indican con números romanos (Figura 14).

Cuerdas: Se indican mediante líneas horizontales de diferente grosor ordenadas, de la más gruesa a la más fina, de la siguiente manera:

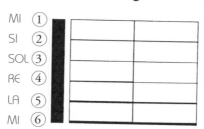

Cuando se toca la cuerda al aire, usaremos el número "0" fuera del diagrama (Figura 13).
En el caso de que la cuerda no se deba tocar, usaremos el símbolo "X" (Figura 13).

Dedos:

Mano izquierda: Se indican de la siguiente manera:

❶ índice
❷ medio
❸ anular
❹ meñique

y se colocan sobre las líneas que representan las cuerdas.

Cejilla: Se indica por una línea muy fina que atraviesa el mástil con, en cada uno de sus extremos, el número de dedo que hay que usar para realizarlo (Figura 14).

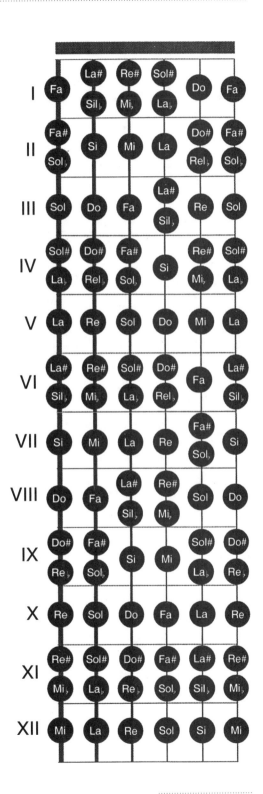

Las notas sobre el mástil:

El gráfico incluido en esta página muestra la disposición de las notas en el mástil de la guitarra desde la cabeza del mismo hasta el duodécimo traste. Desde el décimotercer traste (que es la nota fa pero una octava más alta) en adelante la disposición de las notas será la misma que la descrita en el gráfico de la derecha.

Tercera parte

ESCALAS Y ACORDES

En esta parte del libro, el estudio se divide en una serie de partes, cada una de las cuales hará referencia a una tonalidad. En cada parte se analiza la relación entre la escala mayor y su correspondiente escala menor armónica, ilustrando los modelos teóricos y realizándolos sobre el mástil.

Se prosigue con el estudio y aplicación sobre el instrumento de los principales acordes, derivados de los dos modos, para concluir con una partitura de fácil ejecución, aplicando así las nociones estudiadas.

Para estudiar

Escalas: Subdivididas en modo mayor y menor, se ilustran tanto en el pentagrama como con su notación silábica, con todas las alteraciones propias de cada tonalidad y a lo largo de una octava.

La digitación para la realización del ejercicio sobre el mástil comienza con la fundamental colocada en la sexta cuerda, desarrollándose a lo largo de dos octavas.

Acordes: Se indican los tres acordes característicos de los dos modos.

Para facilitar el aprendizaje se ilustran posiciones simples sin cejilla en ninguna de las seis cuerdas.

Partituras: También en este caso se han seleccionado canciones simples y conocidas, de manera que la memorización sea sencilla mediante la indicación del texto y de su estructura armónica.

Se aconseja proceder en el estudio con la paciencia necesaria, teniendo en cuenta los detalles y particularidades: poner especial atención en la correcta asimilación de los conceptos en relación con su aplicación en el mástil. Por ejemplo, será importante tanto la correcta memorización de la digitación de una escala, como la disposición de las notas que contiene. Se aconseja practicar escalas y acordes cuidando el sonido, la entonación y la precisión, y valiéndose del metrónomo en el estudio y en la ejecución.

Con el mismo principio afrontaremos el estudio de cada partitura.

Escalas y acordes

TONALIDAD DE DO MAYOR

La escala de Do Mayor

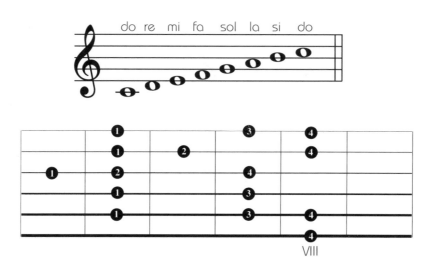

La escala de La Menor

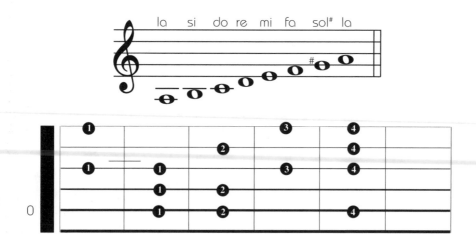

Modo Mayor - Algunos acordes

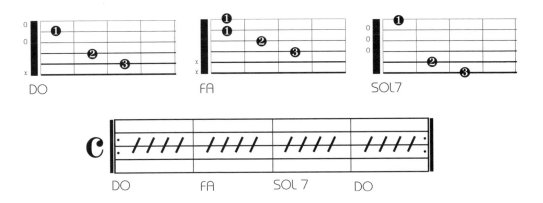

Modo Menor - Algunos acordes

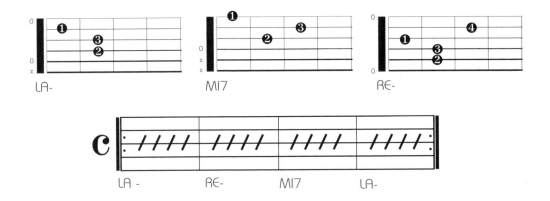

Gino Paoli: Il cielo in una stanza

Do   La-

Quando sei qui con me

Fa   Sol7   Do

questa stanza non ha più pareti ma alberi, alberi infiniti

Quando sei qui vicino a me questo soffitto viola

no, non esiste più

Io vedo il cielo sopra noi che restiamo qui

abbandonati come se non ci fosse più

niente, più niente al mondo

Suona un'armonica, mi sembra un organo

che vibra per te e per me su nell'immensità del cielo

per te, per me: nel cielo

Gino Paoli: El cielo en una habitación

Do   La-
Cuando estás aquí conmigo
 Fa   Sol7   Do
esta habitación no tiene paredes sino árboles, infinitos árboles

Cuando estás aquí cerca de mí este *soffitto* desaparece

no, no existe

veo el cielo sobre nosotros mientras que estamos aquí

abandonados aquí como si no hubiera nada

más, nada más en el mundo

Suena una armónica, me parece un órgano

que toca para ti y para mí en la inmensidad del cielo

para ti, para mí: en el cielo

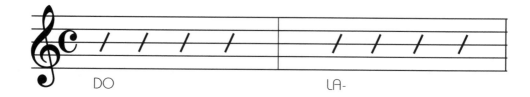

DO   LA-

RE-   SOL7

Escalas y acordes

TONALIDAD DE SOL MAYOR

La escala de Sol Mayor

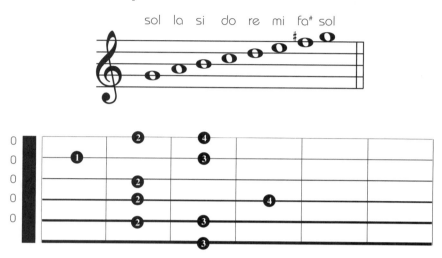

La escala de Mi Menor

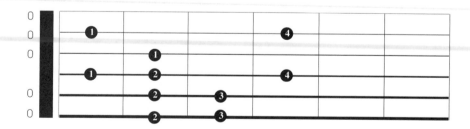

Modo Mayor - Algunos acordes

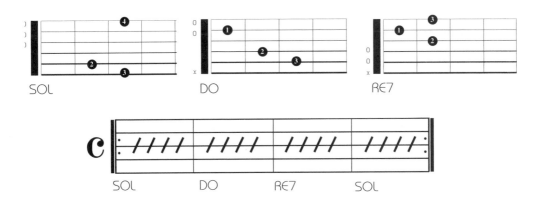

Modo Menor - Algunos acordes

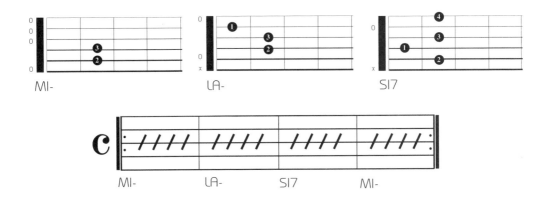

Zucchero: Senza una donna

Si
I change the world I wanna change the world
Si-   La   Mi7   Re La Fa#- La Fa#- Si-
Non è così che passo i giorni, baby. Come stai? Sei stata lì?
               Mi7   Re La Fa#- La Fa#-
E adesso torni lady, hey con chi stai?
Si-   Fa#-   Sol
Io sto qui e guardo il mare sto con me
Fa#   Si-   Fa#   Sol
mi faccio anche da mangiare. Si, è cosi, ridi pure ma
Fa#-   La
non ho più paura di restare…
          Re   La   Si-   La
Senza una donna - come siamo lontani

senza una donna - sto bene anche domani

senza una - che mi ha fatto morir
                La   Sol   Re La Fa#-
senza una donna - hah… hah è meglio così

Non è così che puoi comprarmi, baby,

tu lo sai è un pò di più giù

che devi andare lady (al cuore) yes, se ce l'hai

Io ce l'ho, vuoi da bere? Guardami son un fiore

Bé proprio così, ridi pure ma non ho più paura di restare…

Senza una donna

Io sto qui e guardo il mare, ma perchè continuo a parlare

non lo so, ridi pure ma non ho più paura (forse) di restare…

Senza una donna.

Zucchero: Sin una mujer

Si
Cambio el mundo, quiero cambiar el mundo
Si-   La   Mi7   Re La Fa#- La Fa#- Si-
Así no paso los días, baby. ¿Cómo estás? ¿Has estado siempre ahí?
                Mi7   Re La Fa#- La Fa#-
Y ahora vuelves lady, hey ¿con quién estás?
Si-   Fa#-   Sol
Yo estoy aquí mirando el mar, estoy contigo
Fa#-   Si-   Fa#-   Sol
me hago también la comida. Sí, así es, ríete si quieres pero
Fa#-   La
ya no tengo miedo de quedarme…
        Re   La   Si-   La
Sin una mujer – estamos lejos

sin una mujer – estoy bien

sin una mujer – que me ha matado
               La   Sol   Re La Fa#-
sin una mujer – hah … hah es mejor así

No me puedes comprar así, *baby*

lo sabes, es aún un poco más abajo

donde debes ir, *lady* (al corazón) yes, si lo tienes

Yo lo tengo, ¿quieres beber de él? Mírame, soy una flor

Así es, ríete si quieres pero ya no tengo miedo de quedarme…

Sin una mujer

Estoy aquí mirando el mar, ¿por qué continúo hablando?

no lo sé, ríete si quieres pero ya no tengo miedo (puede ser)

de quedarme…

Sin una mujer

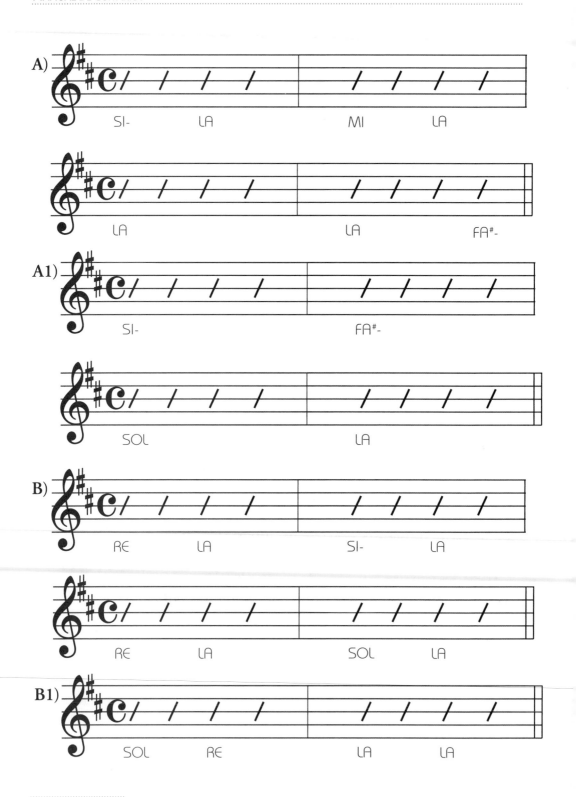

Escalas y acordes

TONALIDAD DE RE MAYOR

La escala de Re Mayor

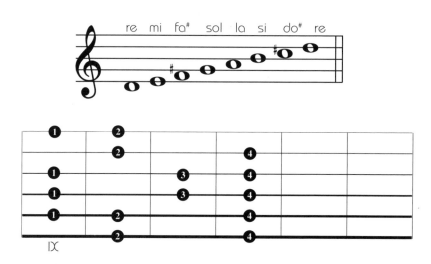

La escala de Si Menor

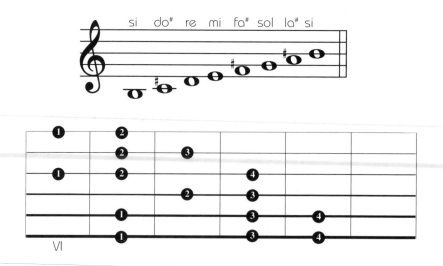

Modo Mayor - Algunos acordes

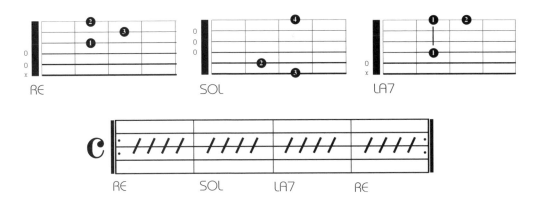

Modo Menor - Algunos acordes

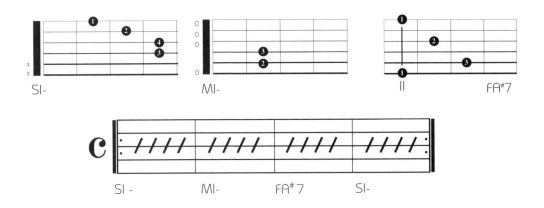

Bob Dylan: Blowing in the wind

    Sol   Do   Sol   Mi-
a) How many roads must a man walk down
  Sol   Do   Re
before you can call him a man?

a) How many seas must a white dove sails

before she sleeps in the sand?

a) How many times must a cannonballs fly

before they're forever banned?
             Do   Re   Sol   Mi-
b) The answer my friend is blowing in the wind
     Do   Re   Sol
the answer is blowing in the wind.

a) Yes and how many years can a mountain exist

before it is washed to the sea?

a) Yes and how many years can some people exist

before they allowed to be free?

a) Yes and how many times can a man turn his head

and pretend that he just doesn't see?

b) The answer my friend is blowing in the wind

the answer is blowing in the wind.

a) Yes and how many times must a man look up

before he can see the sky?

a) Yes and how many hears must one man have

before he can hear people cry?

a) Yes and how many deaths will he take till he knows

that too many people have died?

b) The answer...

Bob Dylan: Blowing in the wind

```
        Sol      Do       Sol                    Mi-
a) ¿Cuántas carreteras debe recorrer un hombre
Sol                  Do                Re
Antes de que le puedas llamar hombre?
```

a) ¿Cuántos mares debe recorrer una ballena blanca

antes de dormir en la playa?

a) ¿Cuántas balas de cañón deben volar

antes de que sean definitivamente enterradas?

```
         Do       Re                 Sol            Mi-
b) La respuesta amigo mío está flotando en el viento
      Do            Re               Sol
La respuesta está flotando en el viento.
```

a) Sí ¿y cuántos años puede sobrevivir una montaña

antes de que el mar la arrastre?

a) Sí ¿y cuántos años puede vivir cierta gente

antes de que se les permita ser libres?

a) Sí ¿y cuántas veces puede girar la cabeza un hombre

y querer aquello que no ve?

b) La respuesta amigo mío está flotando en el viento

La respuesta está flotando en el viento.

a) Sí ¿y cuánto tiempo debe mirar un hombre hacia arriba

antes de poder ver el cielo?

a) Sí ¿y cuántas orejas debe tener un hombre

antes de que pueda oír a la gente llorar?

a) Sí ¿y cuántas muertes deberá provocar antes de saber

que mucha gente ha muerto?

b) La respuesta…

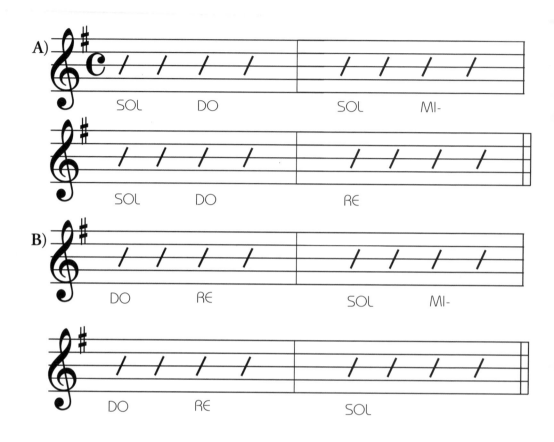

Escalas y acordes

TONALIDAD DE LA MAYOR

La escala de La Mayor

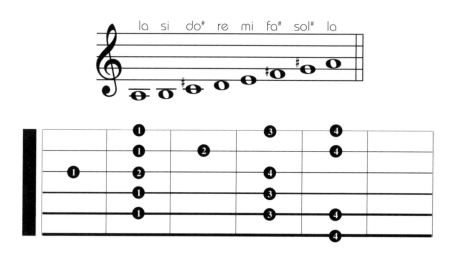

La escala de Fa# Menor

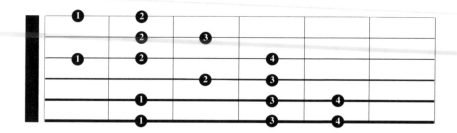

Modo Mayor - Algunos acordes

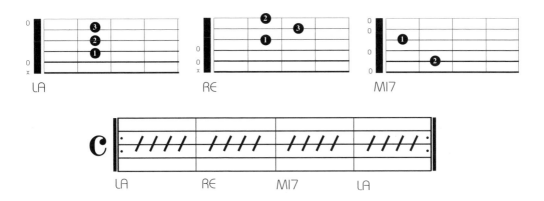

Modo Menor - Algunos acordes

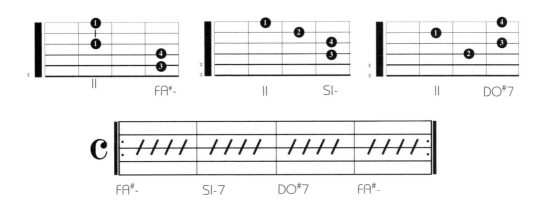

Francesco de Gregori: Rimmel

```
Do                      Fa                                  Do
E qualcosa rimane tra le pagine chiare e le pagine scure
   La-        Mi-        Fa      Do
e cancello il tuo nome dalla mia facciata
Re-                      Fa               Do       Sol   Do
e confondo i miei alibi e le tue ragioni, i miei alibi e le tue ragioni
```

Chi mi ha fatto le carte mi ha chiamato vincente

ma uno zingaro è un trucco

e un futuro invadente fossi stato un po' più giovane

L'avrei distrutto con la fantasia,

```
l'avrei stracciato con la fantasia
La-                              Mi-
Ora le tue labbra puoi spedirle a un indirizzo nuovo
Fa                        Do
e la mia faccia sovrapporla a quella di chissà chi altro
        La-                  Mi-
ancora i tuoi quattro assi bada bene di un colore solo
Fa                    Re-
li puoi nascondere o giocare con chi vuoi 'come vuoi)
Fa                  Sol
o farli rimanere buoni amici come noi
```

Santa voglia di vivere e dolce venere di rimmel

come quando fuori pioveva e tu mi domandavi

se per caso avevo ancora quella foto

in cui sorridevi e non quardavi

E il vento passava sul tuo collo di pelliccia e sulla tua persona

e quando io, senza capire ho detto «si»

hai detto «è tutto quel che hai di me»

È tutto quel che ho di te

Ora le tue labbra puoi spedirle...

Francesco de Gregori: Rimel

```
          Do                    Fa                      Do
Algo queda entre las páginas claras y las páginas oscuras
La-     Mi-        Fa          Do
y borro tu nombre de mi portada
Re-                   Fa      Do      Sol              Do
y confundo mis excusas y tus razones, mis excusas y tus razones
```

El que me echó las cartas me llamó ganador

pero un gitano es un truco

y un futuro invasor hubiera sido un poco más joven

Lo habría destruido con la fantasía

Lo habría destrozado con la fantasía
```
La-                                             Mi-
Ahora puedes enviar tus labios a una nueva dirección
Fa                      Do
y sustituir mi rostro por quién sabe quién
           La-                  Mi-
tus cuatro ases valen aún de un solo color
Fa                            Re-
Los puedes esconder o jugar con quien quieras como quieras
Fa                           Sol
o simplemente dejarlos que sean buenos amigos como nosotros
```

Santo deseo de vivir y dulce Venus de rímel

como cuando llovía fuera y tú me preguntabas

si aún tenía por casualidad esa foto

en la que sonreías pero no mirabas

Y el viento pasaba por tu cuello y sobre tu alma

y cuando yo, sin entender siquiera dije «sí»

has dicho «es todo lo que tienes de mí»

Es todo lo que tengo de ti

Ahora puede enviar tus labios…

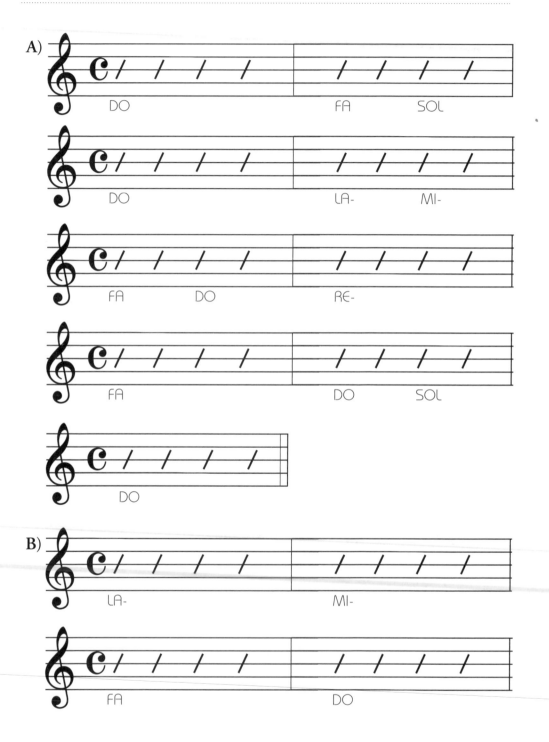

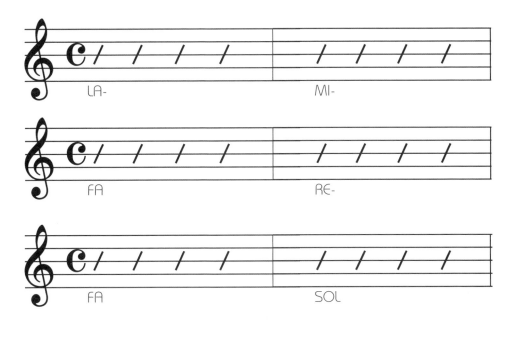

LA-   MI-

FA   RE-

FA   SOL

DO   RE-   MI-   FA

Escalas y acordes

TONALIDAD DE MI MAYOR

La escala de Mi Mayor

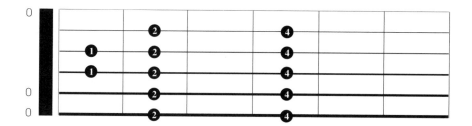

La escala de Do Menor

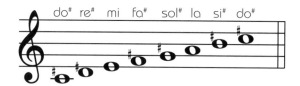

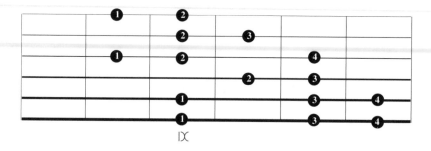

Modo Mayor - Algunos acordes

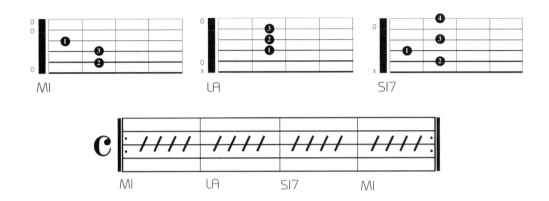

Modo Menor - Algunos acordes

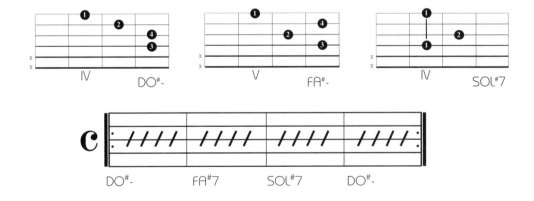

Fabrizio De André: Andrea

Re   Do   Sol
Andrea s'è perso, s'è perso, e non sa tornare

Andrea s'è perso, s'è perso, e non sa tornare

Andrea aveva un amore, riccioli neri

Andrea aveva, aveva un dolore, riccioli neri

C'era scritto sul foglio ch'era morto sulla bandiera

c'era scritto e la firma era d'oro, era firma di re

Ucciso sui monti di Trento dalla mitraglia

Ucciso sui monti di Trento dalla mitraglia

Occhi di bosco, contadino nel regno, profilo francese

occhi di bosco soldato del regno, profilo francese

e Andrea l'ha perso, ha perso l'amore, la perla più rara

e Andrea ha in bocca, ha in bocca un dolore, la perla più scura

Andrea coglieva, raccoglieva violette ai bordi del pozzo

il scchio gli disse, gli disse «Signore il pozzo è profondo

più fondo del fondo degli occhi della Notte del Pianto»

Lui disse «Mi basta, mi basta che sia più profondo di me» (2v)

Fabrizio De André: Andrea

Re   Do   Sol

Andrea se ha perdido, se ha perdido y no sabe volver

Andrea se ha perdido, se ha perdido y no sabe volver

Andrea tenía un amor, rizos negros

Andrea tenía, tenía un dolor, rizos negros

Había escrito en una hoja que había muerto por la bandera

estaba escrito y la firma era de oro, era la firma de un rey

Asesinado en los montes de Trento por la ametralladora

Asesinado en los montes de Trento por la ametralladora

Ojos del bosque, campesino en el reino, perfil francés

Ojos del bosque, soldado del reino, perfil francés

y Andrea le ha perdido, ha perdido el amor, la perla más rara

y Andrea tiene en la boca, tiene en la boca un dolor, la perla más

negra

Andrea cogía, recogía violetas en los bordes de un pozo

el recipiente le dijo, le dijo: «Señor el pozo es profundo

más profundo que el fondo de los ojos de la Noche del Llanto»

Él dijo «me es suficiente, es suficiente que sea más profundo que

yo» (2 v.)

83

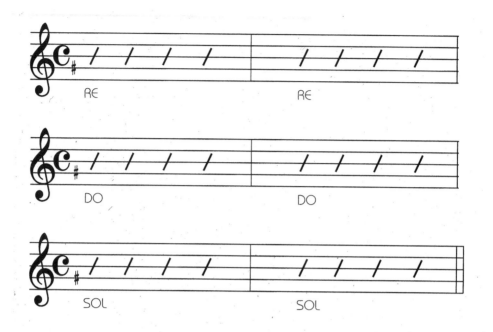

Escalas y acordes

TONALIDAD DE SI MAYOR

La escala de Si Mayor

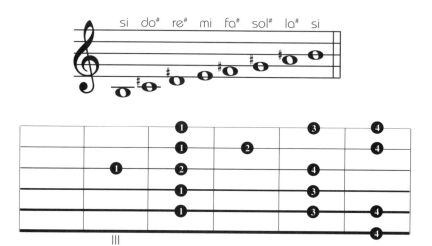

La escala de Sol Menor

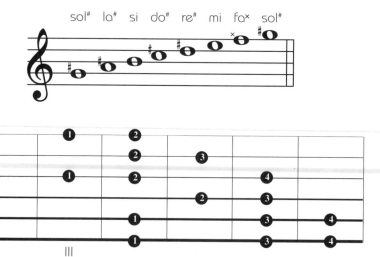

Modo Mayor - Algunos acordes

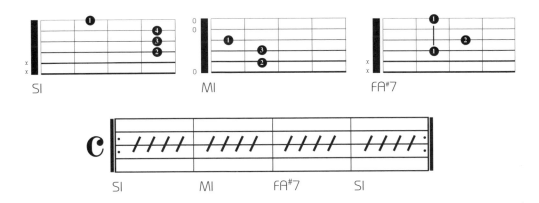

SI   MI   FA#7

SI   MI   FA#7   SI

Modo Menor - Algunos acordes

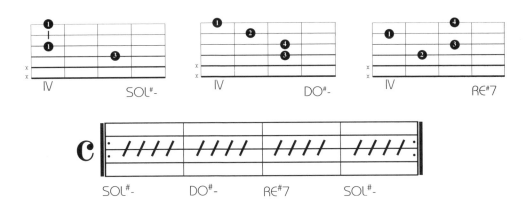

IV   SOL#-   IV   DO#-   IV   RE#7

SOL#-   DO#-   RE#7   SOL#-

Antonello Venditti: Sara

Do   Re-7   Sol7
Sara svegliati è primavera

Sara sono le sette e tu devi andare a scuola
Mi-   Fa   Mi-   Fa
Sara, prendi tutti i libri e accendi il motorino

e poi attenta, ricordati che aspetti un bambino

Sara, se avessi i soldi ti porterei ogni giorno al mare

Sara, se avessi tempo ti porterei ogni giorno a far l'amore

ma Sara, mi devo laureare, e forse un giorno ti sposerò

magari in chiesa, dove tua madre sta aspettando

per poter piangere un po'

Sara, tu vai dritta non ti devi vergognare

le tue amiche dai retta a me lasciale tutte parlare

Sara, è stato solo amore, se nel banco non c'entri più

tu sei bella, anche se i vestiti non ti stanno più

Sara, mentre dormivi l'ho sentito respirare

Sara, mentre dormivi ti batteva forte il cuore

Sara, tu non sei più sola il tuo amore gli basterà

il tuo bambino, se ci credi nascerà

Sara, Sara, Sara...

Antonello Venditti: Sara

Do   Re-7   Sol7
Sara, despierta es primavera

Sara son las siete y tienes que ir a la escuela
Mi-   Fa   Mi-   Fa
Sara, coge los libros y enciende el ciclomotor

y ten cuidado, recuerda que esperas un hijo

Sara, si tuviera dinero, te llevaría todos los días al mar

Sara, si tuviera tiempo te haría cada día el amor

pero Sara, he de licenciarme, y tal algún día nos casemos

tal vez en la iglesia, donde tu madre estará esperando

para poder llorar un poco

Sara, sigue derecha, no te avergüences

deja a tus amigas que cuchicheen, hazme caso

Sara, sólo ha sido el amor, si en el pupitre ya no cabes

tú eres bella, aún si los vestidos ya no te entran

Sara, mientras dormías le he oído respirar

Sara, mientras dormías te latía fuerte el corazón

Sara, tú ya no estás sola, tu amor será suficiente para él

tu hijo, si crees, nacerá

Sara, Sara, Sara…

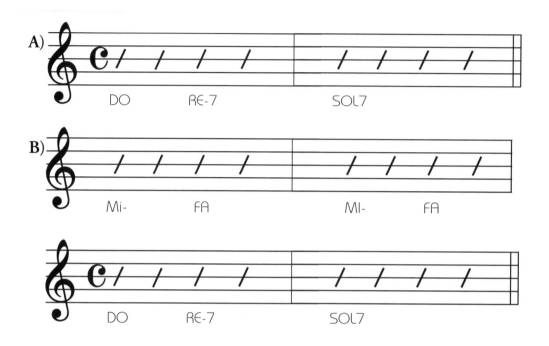

A) DO   RE-7   SOL7

B) Mi-   FA   MI-   FA

DO   RE-7   SOL7

Escalas y acordes

TONALIDAD DE FA MAYOR

La escala de Fa Mayor

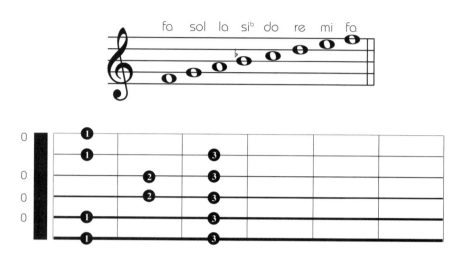

La escala de Re Menor

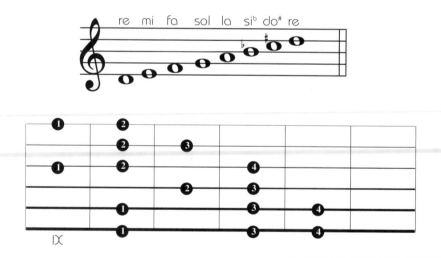

Modo Mayor - Algunos acordes

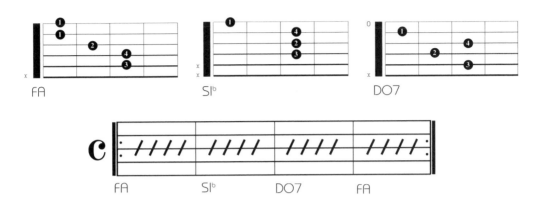

Modo Menor - Algunos acordes

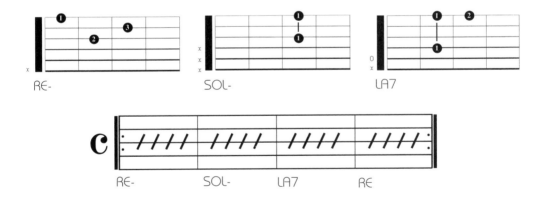

Gianni Morandi: Canzoni stonate

Re-   Sol7
Canto solamente insieme a pochi amici
Mi-   La7
quando ci troviamo in casa e abbiam bevuto

non pensare che ti abbiam dimenticato

proprio ieri sera parlavamo di te

Camminando verso casa mi sei tornata in mente

e ho ripensato alla tua voce così fresca e strana

che dava al nostro gruppo qualcosa di più Enrico che suona,

sua moglie fa il coro

giovanni, come sempre, ascolta stonato com'é...

Canzoni d'amore che fanno ancora bene al cuore

noi stanchi ma contenti, se chiudo gli occhi forse tu ci senti

anche da lì

L'altra domenica siamo andati al lago

ho anche preso un luccio che sembrava un drago

poi la sera in treno abbiam cantato piano

quel pezzo americano che cantavi tu

Canzoni stonate, parole sempre più sbagliate

ricordi quante serate passate così

Canzoni d'amore che fanno sempre bene al cuore

diciamo quasi sembre, qualche volta no...

Gianni Morandi: Canciones desafinadas

Re-   Sol7
Canto sólo junto a algunos amigos
Mi-   La7
cuando nos reunimos en casa y hemos bebido

no te pienses que te hemos olvidado

justamente ayer por la noche hablábamos de ti

caminando hacia mi casa he pensado en ti

y he recordado tu voz tan fresca y extraña

Que aportaba a nuestro grupo algo más que sólo Enrico tocando,

su mujer haciendo los coros

Giovanni, como siempre, escucha porque desafina

Canciones de amor que aún alegran el corazón

Cansados pero contentos, si cierro los ojos tal vez nos oigas

también desde allí

El domingo pasado hemos ido al lago

he pescado un lucio que parecía un dragón

después, por la noche, hemos cantado bajito en el tren

aquella pieza americana que tú cantabas

Canciones desafinadas, palabras cada vez más equivocadas

recuerdas cuántas noches pasamos así

Canciones de amor que aún alegran el corazón

digamos casi siempre, algunas veces no…

RE-7   Sol7

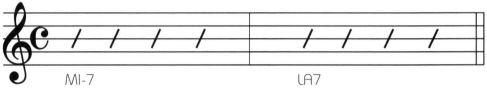

MI-7   LA7

Escalas y acordes

TONALIDAD DE Si♭ MAYOR

La escala de Si♭ Mayor

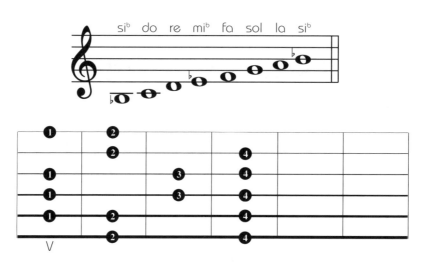

La escala de Sol Menor

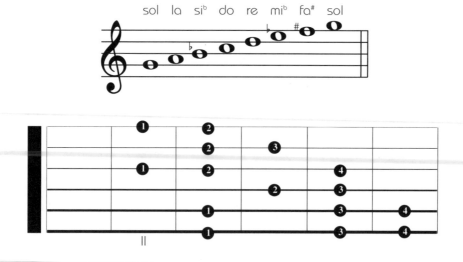

Modo Mayor - Algunos acordes

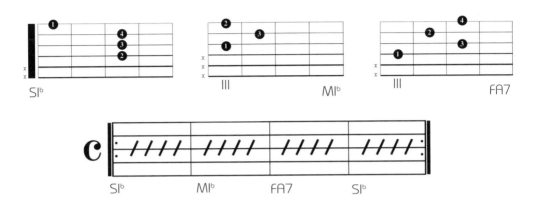

Modo Menor - Algunos acordes

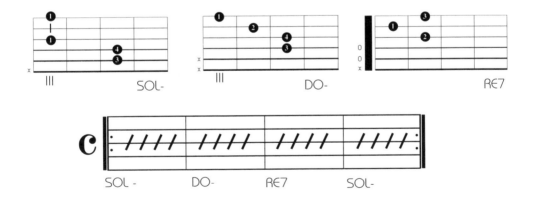

Franco Battiato: Centro di gravità permanente

Re-   Do-   Sol   Mi♭
Una vecchia bretone con un cappello e un ombrello

         Do-   Sol
di carta di riso e canna di bambù

Re-   Do-   Sol   Mi♭   Sol
Capitani coraggiosi, furbi contrabbandieri macedoni

Re-   Do-   Sol   Mi♭
gesuiti euclidei vestiti come dei bonzi per entrare a corte

      Sol   Mi♭   Sol
degli imperatori della dinastia dei Ming

 Do   La-   Fa
Cerco un centro di gravità permanente

   Sol7   Do   La-   Fa
che non mi faccia mai cambiare idea sulle cose e sulla gente

Sol7
avrei bisogno di...(*2 veces*)

        Re Mi♭ Sol
Over and over again

Per le strade di Pechino erano giorni di maggio

tra noi si scherzava a raccogliere ortiche

non sopporto i cori russi la musica finto rock

la new wawe il free jazz punk inglese

neanche la nera africana

Cerco un centro di gravità permanente...

Franco Battiato: Centro de gravedad permanente

Re-   Do-   Sol   Mi♭
Una vieja bretona con un sombrero y un paraguas

           Do-   Sol
de papel de arroz y caña de bambú

Re-   Do-   Sol   Mi♭   Sol
capitanes valerosos, astutos contrabandistas macedonios

Re-   Do-   Sol   Mi♭
jesuitas euclídeos vestidos como *bonzi* para entrar en la corte

       Sol   Mi♭   Sol
de los emperadores de la dinastía Ming

 Do   La-   Fa
Busco un centro de gravedad permanente

   Sol7   Do   La-   Fa
que no me haga cambiar nunca de idea sobre las cosas y sobre la

     Sol7
gente necesitaría… (2 veces)

     Re Mi♭ Sol
Una y otra vez

Por las calles de Pekín durante unos días de mayo

bromeábamos recogiendo ortigas

no soporto los coros rusos la música que imita el rock

la *new wave* italiana el *free jazz punk* inglés

ni la negra africana

Busco un centro de gravedad permanente…

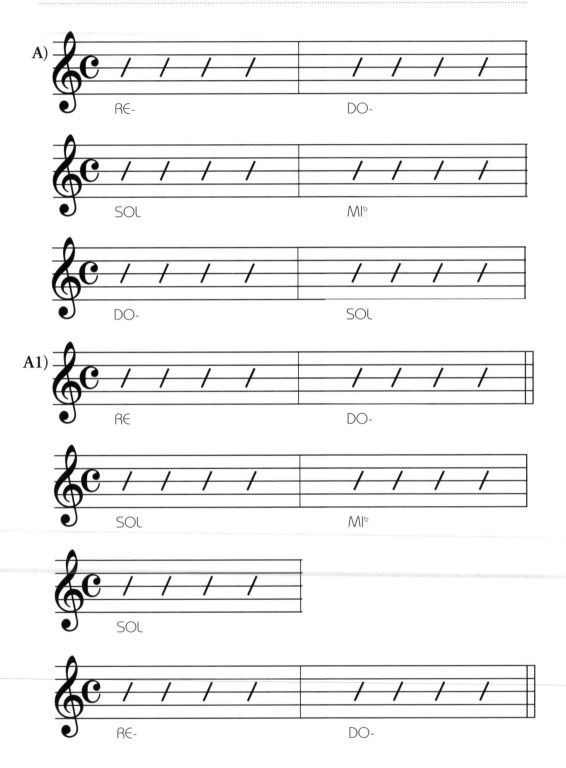

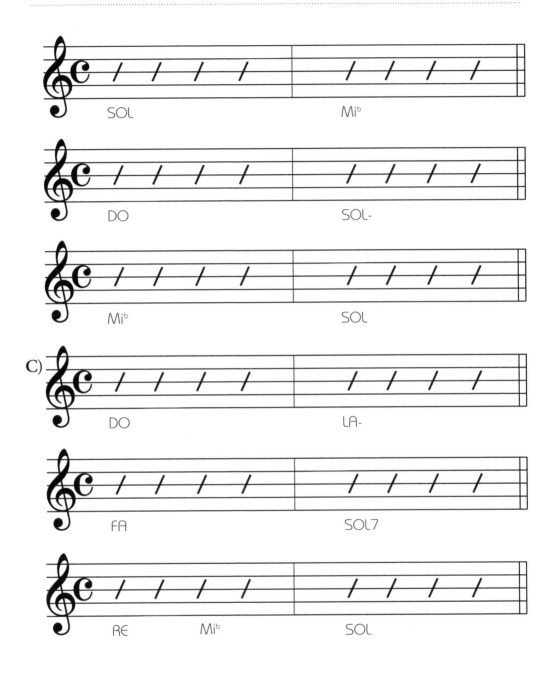

Escalas y acordes

TONALIDAD DE Mi♭ MAYOR

La escala de Mi♭Mayor

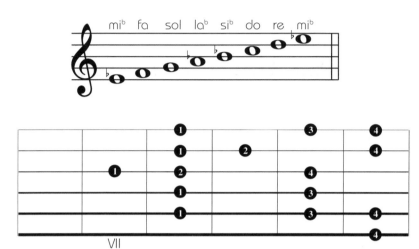

La escala de Do Menor

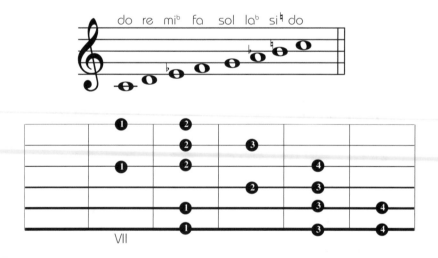

Modo Mayor - Algunos acordes

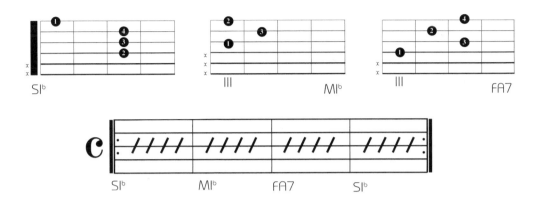

Modo Menor - Algunos acordes

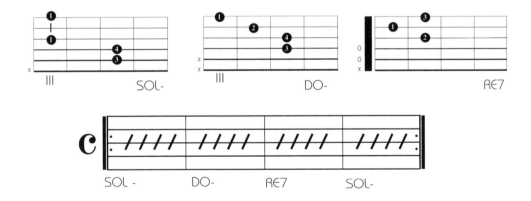

Vasco Rossi: Ogni volta

```
          La                        Do#-
E ogni volta che viene giorno, ogni volta che ritorno
    Fa#7                      Re
ogni volta che cammino e mi sembra di averti vicino
       Re-
ogni volta che mi guardo intorno
       La                        Mi7
ogni volta che non me me accorgo, ogni volta che viene giorno...
```

Ogni volta che mi sveglio, ogni volta che mi sbaglio

ogni volta che sono sicuro e ogni volta che mi sembra solo

ogni volta che mi viene in mente

qualche cosa che non centra niente, ogni volta...

E ogni volta che non sono coerente

ogni volta che non è importante

ogni volta che qualcuno si preoccupa per me

ogni volta che non c'è proprio quando la stavo cercando

ogni volta, ogni volta quando..

e ogni volta che non c'entro, ogni volta che non sono stato

ogni volta che non guardo in faccia niente

e ogni volta che dopo piango, ogni volta che rimango

con la testa tra le mani e rimando tutto a domani...

Vasco Rossi: *Cada vez*

       La   **Do#-**
Y cada vez que se hace de día, cada vez que vuelvo

       Fa#7   **Re**
cada vez que camino y me parece tenerte cerca

         Re-
cada vez que miro alrededor

        La   **Mi7**
cada vez que no me doy cuenta, cada vez que se hace de día…

Cada vez que me despierto, cada vez que me equivoco

cada vez que estoy seguro y cada vez que me parece estar solo

cada vez que me viene a la cabeza

algo que no tiene nada que ver, cada vez…

Y cada vez que no soy coherente

cada vez que no es importante

cada vez que uno se preocupa por mí

cada vez que aquello que estaba buscando no está

cada vez, cada vez cuando…

Y cada vez que no tengo nada que ver, cada vez que no he estado

cada vez que no miro nada a la cara

y cada vez que después lloro, cada vez que me quedo

con la cabeza entre las manos y lo dejo todo para mañana…

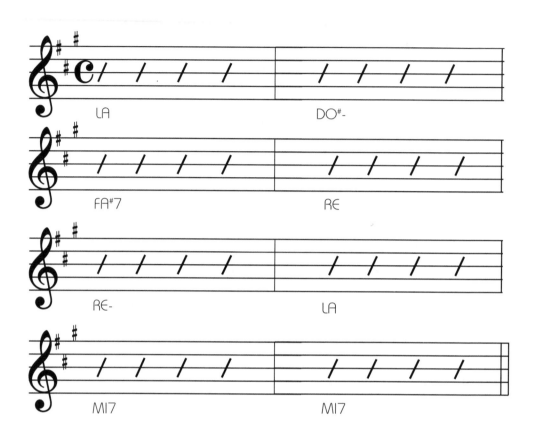

LA   DO#-

FA#7   RE

RE-   LA

MI7   MI7

Escalas y acordes

TONALIDAD DE LAᵇ MAYOR

La escala de La♭ Mayor

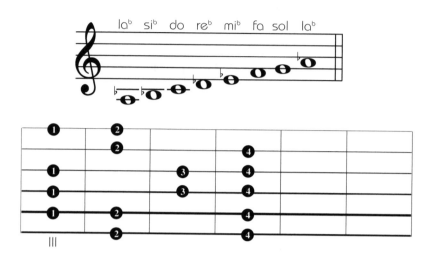

La escala de Fa Menor

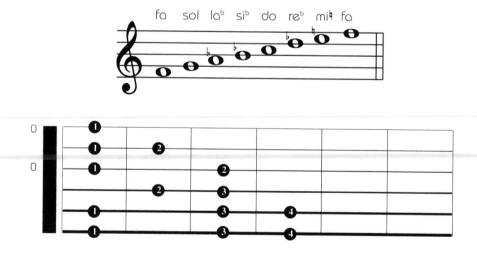

Modo Mayor - Algunos acordes

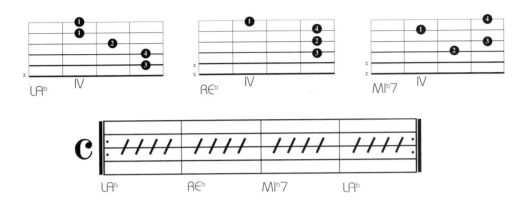

Modo Menor - Algunos acordes

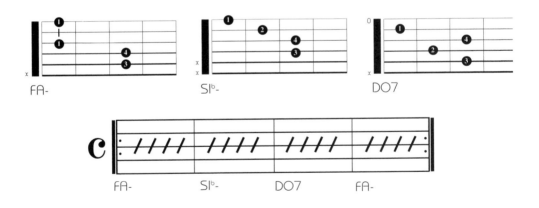

The Beatles: Yesterday

    Fa   La7   Re-

A) Yesterday all my troubles seemed so far away

 Si^b Do7   Si^b Fa

now it looks as thought they're here to stay

Do Re- Do   Si^b

oh I belive in yesterday

A) Suddently I'm not half the man I used to be

There's a shadow hanging over me, oh yesterday come suddlenty

   Mi-7 La7 Re- Do Si^b Re- Sol-   Do   Fa

B) Why she had to go don't know she would't say

B) I said something wrong now I long for yesterday

A) Yesterday love was such on easy game to play

how I need a place to hide away, oh I belive in yesterday

The Beatles: Yesterday (Ayer)

    Fa   **La7**   **Re-**
A) Ayer todos mis problemas parecían tan lejanos

Si♭   **Do7**   **Si♭**   **Fa**
ahora parece como si debieran quedarse

Do Re- Do   **Si♭**
oh yo creo en el ayer

A) De repente yo ya no soy ni la mitad de hombre de lo que era

Hay una sombra sobre mí, oh el ayer viene repentinamente

    Mi-7   **La7**   **Re- Do Si♭** **Re- Sol- Do**   **Fa**
B) ¿Por qué se tuvo que ir? No entiendo lo que quiso decir

Dije algo erróneo ahora yo permanezco en el ayer

A) Ayer el amor fue casi un juego fácil de jugar

cómo necesito un lugar a donde huir, oh, creo en el ayer

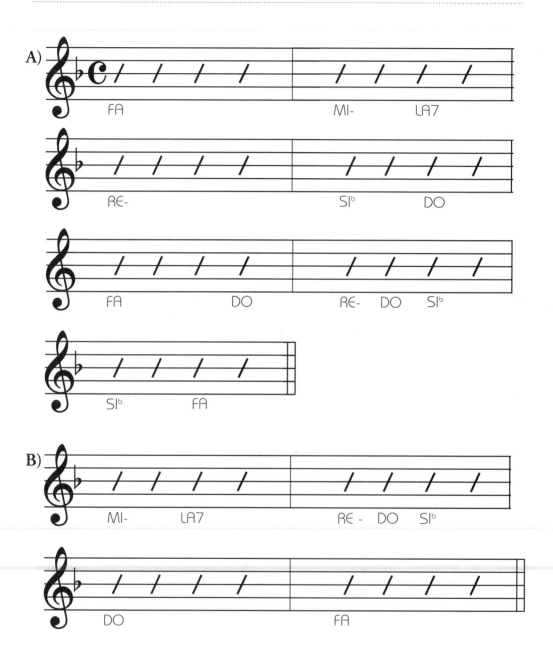

Escalas y acordes

TONALIDAD DE RE♭ MAYOR

La escala de Re♭ Mayor

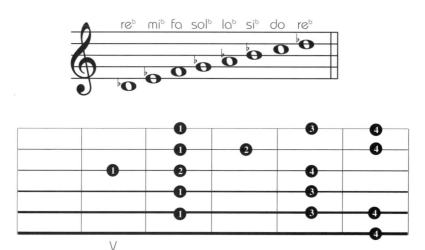

La escala de Si♭ Menor

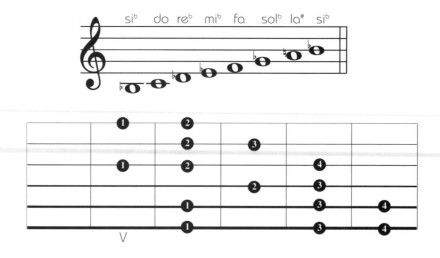

Modo Mayor - Algunos acordes

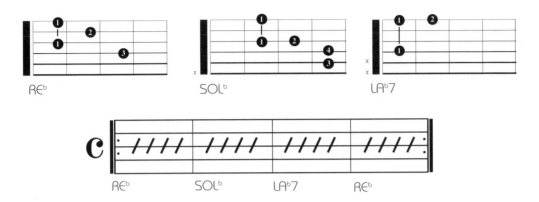

RE♭   SOL♭   LA♭7

RE♭   SOL♭   LA♭7   RE♭

Modo Menor - Algunos acordes

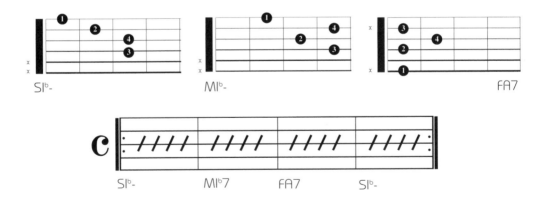

SI♭-   MI♭-   FA7

SI♭-   MI♭7   FA7   SI♭-

Formula 3: Eppur mi son scordato di te

Do   Mi-   La-   La♭
Eppur mi son scordato di te, come ho fatto non so

una ragione vera non c'è, lei era bella pero...
Do   Mi-   Mi7
Un tuffo dove l'acqua è più blu, niente di più
La-
Ma che disperazione nasce da una distrazione

      Fa.   Sol
era un gioco, non era un fuoco

      La-
Non piangere salame dai capelli verde rame

     Fa   Sol
è solo un gioco, e non un fuoco

      Do   Re   Mi7
lo sai che t'amo io ti amo veramente

Eppur mi son scordato di te, non le ho detto di no

t'ho fatto pianger tanto perché io sono un bruto, lo so

Un tuffo dove l'acqua è più blu, niente di più...

Che disperazione nasce da una distrazione che

disperazione nasce da una distrazione che

disperazione nasce da una distrazione che

disperazione nasce da...

Un tuffo dove l'acqua è più blu...

Fórmula 3: Y aún así me he olvidado de ti

Do   Mi-   La-   La♭
Y aún así me he olvidado de ti, el cómo no lo sé

una razón exacta no hay, ella era bella pero…
Do   Mi-   Mi7
Un chapuzón donde el agua es más azul, nada más
La-
Qué desesperación nace de una distracción

       Fa   Sol
era un juego, no era fuego

         La-
No llores salami por el pelo verde

             Fa   Sol
es sólo un juego, y no un fuego

        Do   Re   Mi7
Sabes que te amo, que te amo de veras

y aún así me he olvidado de ti, no le he dicho que no

Te he hecho llorar tanto porque soy un bruto, lo sé

Un chapuzón donde el agua es más azul, nada más…

Que desesperación nace de una distracción que

desesperación nace de una distracción que

desesperación nace de una distracción que

desesperación nace de…

Un chapuzón donde el agua es más azul…

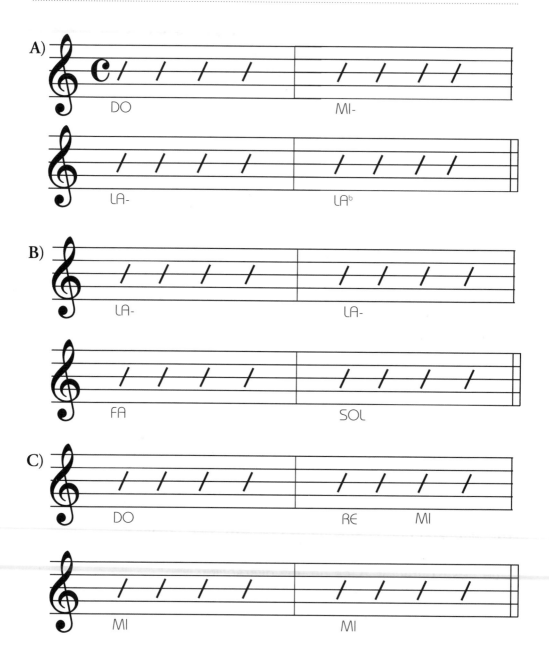

Escalas y acordes

TONALIDAD DE SOL♭ MAYOR

La escala de Sol♭ Mayor

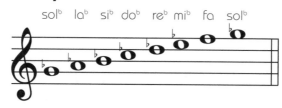

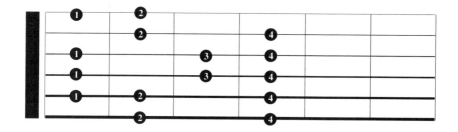

La escala de Mi♭ Menor

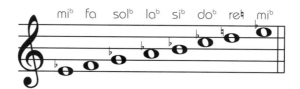

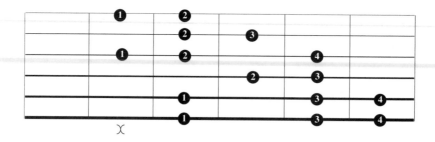

Modo Mayor - Algunos acordes

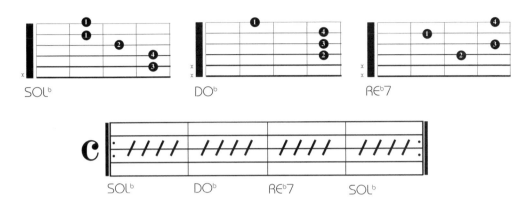

SOL♭   DO♭   RE♭7

SOL♭   DO♭   RE♭7   SOL♭

Modo Menor - Algunos acordes

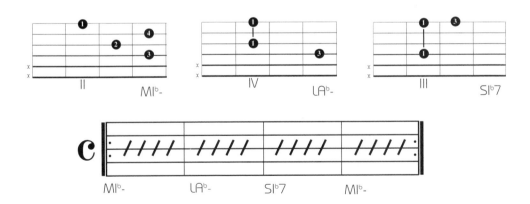

II   MI♭-   IV   LA♭-   III   SI♭7

MI♭-   LA♭-   SI♭7   MI♭-

Pooh: Noi due nel mondo e nell'anima

```
Si-          Mi-7        La7              Si-
E io dovrei comprendere se tu da un po' non mi vuoi
             Mi-7      La7              Si-
non avrei mai capito te, ma da capire cosa c'è?
  Sol           Re         La7          Re
Dovrei tornare a casa e poi se il fiato ce la fa
 Re7             Sol          Re7
parlarti del mio mondo fuori dei miei pensieri
Sol          Mi-7                La7          Si-
poi scoprire che vuoi dormire, che non mi senti più
```

E io dovrei ma spiegami contro di me che cos'hai

come se io non fossi io, mi dici che te ne vai

Son quello che respira piano per non svegliare te

che nel silenzio fu felice di aspettare

che il tuo gioco diventasse amore, che una donna diventassi tu

Noi due nel mondo e nell'anima, la verità siamo noi

basta così e guardami, chi sono io tu lo sai

Noi due nel mondo e nell'anima

la verità siamo noi...

Pooh: Nosotros dos en el mundo y en el alma

```
Si-       Mi-7     La7              Si-
Y yo debería entender si tú, desde hace tiempo, no me quieres

                  Mi-7              La7                          Si-
nunca te habría entendido, pero, ¿qué es lo que hay que comprender?

  Sol               Re                La7                    Re
Debería volver a casa y después, si las fuerzas me acompañan

Re7              Sol             Re7
hablarte de mi mundo fuera de mis pensamientos

Sol                   Mi-7         La7              Si-
después descubrir que quieres dormir, que ya no me oyes
```

Y yo debería, pero explícame qué tienes contra mí

como si yo no fuese yo, me dices que te vas

Soy aquel que respira despacio para no despertarte

que fue feliz esperando en el silencio

que tu juego se transformara en amor, que una mujer se convirtiera en ti

Nosotros dos en el mundo y en el alma, la verdad somos nosotros

basta ya y mírame, soy yo y tu lo sabes

Nosotros dos en el mundo y en el alma

La verdad somos nosotros…

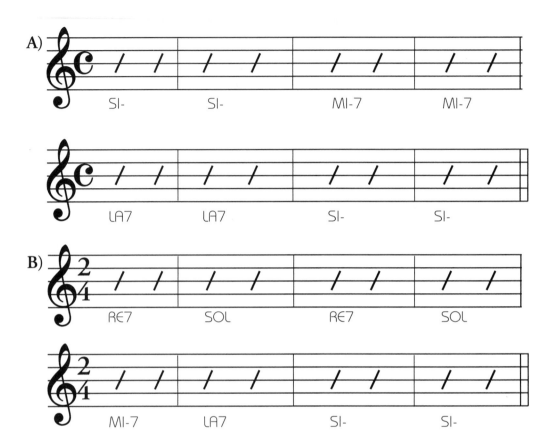

Cuarta parte

LOS ACORDES Y SU COMPOSICIÓN

El acorde de quinta aumentada

Está compuesto desde la tónica, por una tercera mayor y una quinta aumentada.

DO 5+   Do, Mi, Sol#

Posición A

Posición B

A	FA	#/♭	SOL	#/♭	LA	#/♭	SI	DO	#/♭	RE	#/♭	MI
B	LA	#/♭	SI	DO	#/♭	RE	#/♭	MI	FA	#/♭	SOL	#/♭
Trastes	I	II	III	IV	V	VI	VII	VIII	IX	X	XI	XII

El acorde de sexta

Está compuesto desde la tónica, por una tercera mayor, una quinta justa y una sexta mayor.

DO 6   Do, Mi, Sol, La

Posición A

Posición B

A	FA#	SOL	#/♭	LA	#/♭	SI	DO	#/♭	RE	#/♭	MI	FA
B	DO	#/♭	RE	#/♭	MI	FA	#/♭	SOL	#/♭	LA	#/♭	SI
Trastes	I	II	III	IV	V	VI	VII	VIII	IX	X	XI	XII

El acorde menor de sexta

Está compuesto desde la tónica, por una tercera menor, una quinta justa y una sexta mayor.

 **DO-6** Do, Mi♭, Sol, La

Posición A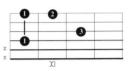

Posición B

A	FA	#/♭	SOL	#/♭	LA	#/♭	SI	DO	#/♭	RE	#/♭	MI
B	RE#	MI	FA	#/♭	SOL	#/♭	LA	#/♭	SI	DO	#/♭	RE
Trastes	I	II	III	IV	V	VI	VII	VIII	IX	X	XI	XII

El acorde de sexta con novena añadida

Está compuesto desde la tónica, por la tercera mayor, quinta justa, sexta mayor y novena mayor.

DO 6/9 Do, Mi, Sol, La, Re

Posición A

Posición B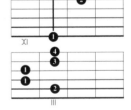

A	DO#	RE	#/♭	MI	FA	#/♭	SOL	#/♭	LA	#/♭	SI	DO
B	SI	DO	#/♭	RE	#/♭	MI	FA	#/♭	SOL	#/♭	LA	#/♭
Trastes	I	II	III	IV	V	VI	VII	VIII	IX	X	XI	XII

El acorde de séptima dominante

Está compuesto desde la tónica, por una tercera mayor, quinta justa y séptima menor.

DO 6   Do, Mi, Sol, Si♭   Posición A

Posición B

A	SI♭	SI	DO	#/♭	RE	#/♭	MI	FA	#/♭	SOL	#/♭	LA
B	FA	#/♭	SOL	#/♭	LA	#/♭	SI	DO	#/♭	RE	#/♭	MI
Trastes	I	II	III	IV	V	VI	VII	VIII	IX	X	XI	XII

El acorde menor de séptima

Está compuesto desde la tónica, por una tercera menor, quinta justa y séptima menor.

DO-7   Do, Mi♭, Sol, Si♭   Posición A

Posición B

A	FA	#/♭	SOL	#/♭	LA	#/♭	SI	DO	#/♭	RE	#/♭	MI
B	LA#	SI	DO	#/♭	RE	#/♭	MI	FA	#/♭	SOL	#/♭	LA
Trastes	I	II	III	IV	V	VI	VII	VIII	IX	X	XI	XII

El acorde menor de séptima con quinta disminuida

Está compuesto desde la tónica, por una tercera menor, quinta disminuida y séptima menor.

DO-7/5♭ — Do, Mi♭, Sol♭, Si♭ — Posición A / Posición B

A	DO	#/♭	RE	#/♭	MI	FA	#/♭	SOL	#/♭	LA	#/♭	SI
B	FA#	SOL	#/♭	LA	#/♭	SI	DO	#/♭	RE	#/♭	MI	FA
Trastes	I	II	III	IV	V	VI	VII	VIII	IX	X	XI	XII

El acorde de séptima mayor

Está compuesto desde la tónica, por una tercera mayor, quinta justa y séptima mayor.

DO7+ — Do, Mi, Sol, Si — Posición A / Posición B

A	LA#	SI	DO	#/♭	RE	#/♭	MI	FA	#/♭	SOL	#/♭	LA
B	DO#	RE	#/♭	MI	FA	#/♭	SOL	#/♭	LA	#/♭	SI	DO
Trastes	I	II	III	IV	V	VI	VII	VIII	IX	X	XI	XII

El acorde de séptima disminuida

Está compuesto desde la tónica, por una tercera menor, quinta disminuida y séptima disminuida.

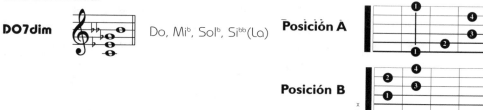

DO7dim — Do, Mi♭, Sol♭, Si♭♭(La) — Posición A / Posición B

A	SI	DO		RE		MI	FA		SOL		LA	
B	DO		RE		MI	FA		SOL		LA		SI
Trastes	I	II	III	IV	V	VI	VII	VIII	IX	X	XI	XII

El acorde de séptima aumentada

Está compuesto desde la tónica, por una tercera menor, quinta justa y séptima mayor.

DO-7+ — Do, Mi♭, Sol, Si — Posición A / Posición B

A	FA	#/♭	SOL	#/♭	LA	#/♭	SI	DO	#/♭	RE	#/♭	MI
B	LA#	SI	DO	#/♭	RE	#/♭	MI	FA	#/♭	SOL	#/♭	LA
Trastes	I	II	III	IV	V	VI	VII	VIII	IX	X	XI	XII

El acorde de séptima con quinta disminuida

Está compuesta desde la tónica, por la tercera mayor, quinta disminuida y séptima menor.

DO7/b5   Do, Mi, Sol♭, Si♭ **Posición A**

Posición B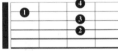

A	FA#	SOL	#/♭	LA	#/♭	SI	DO	#/♭	RE	#/♭	MI	FA
B	LA	#/♭	SI	DO	#/♭	RE	#/♭	MI	FA	#/♭	SOL	#/♭
Trastes	I	II	III	IV	V	VI	VII	VIII	IX	X	XI	XII

El acorde de séptima con cuarta añadida

Está compuesto desde la tónica, por una cuarta justa, quinta justa y séptima menor.

DO 7/sus4   Do, Fa, Sol, Si♭ **Posición A**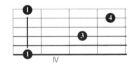

Posición B

A	DO	#/♭	RE	#/♭	MI	FA	#/♭	SOL	#/♭	LA	#/♭	SI
B	LA#	SI	DO	#/♭	RE	#/♭	MI	FA	#/♭	SOL	#/♭	LA
Trastes	I	II	III	IV	V	VI	VII	VIII	IX	X	XI	XII

135

El acorde de séptima-sexta

Está compuesto desde la tónica, por una tercera mayor, quinta justa, sexta mayor y séptima menor.

 **DO7/6** Do, Mi, Sol, La, Si♭

Posición A

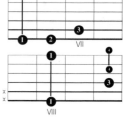

Posición B

A	SOL#	LA	#/♭	SI	DO	#/♭	RE	#/♭	MI	FA	#/♭	SOL
B	LA#	SI	DO	#/♭	RE	#/♭	MI	FA	#/♭	SOL	#/♭	LA
Trastes	I	II	III	IV	V	VI	VII	VIII	IX	X	XI	XII

El acorde de novena

Está compuesto desde la tónica, por una tercera mayor, quinta justa, séptima menor y novena mayor.

 DO 9 Do, Mi, Sol, Si♭, Re

Posición A

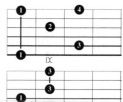

Posición B

A	FA	#/♭	SOL	#/♭	LA	#/♭	SI	DO	#/♭	RE	#/♭	MI
B	SI	DO	#/♭	RE	#/♭	MI	FA	#/♭	SOL	#/♭	LA	#/♭
Trastes	I	II	III	IV	V	VI	VII	VIII	IX	X	XI	XII

El acorde menor de novena

Está compuesto desde la tónica, por la tercera menor, quinta justa, séptima menor y novena mayor.

DO-9   Do, Mi♭, Sol, Si♭, Re

Posición A

Posición B

A	LA#	SI	DO	#/♭	RE	#/♭	MI	FA	#/♭	SOL	#/♭	LA
B	FA	#/♭	SOL	#/♭	LA	#/♭	SI	DO	#/♭	RE	#/♭	MI
Trastes	**I**	**II**	**III**	**IV**	**V**	**VI**	**VII**	**VIII**	**IX**	**X**	**XI**	**XII**

El acorde de séptima con novena menor

Está compuesto desde la tónica, por una tercera mayor, quinta justa, séptima menor y novena menor.

DO 7/9b   Do, Mi, Sol, Si♭, Re♭

Posición A

Posición B

A	SI	DO	#/♭	RE	#/♭	MI	FA	#/♭	SOL	#/♭	LA	#/♭
B	FA	#/♭	SOL	#/♭	LA	#/♭	SI	DO	#/♭	RE	#/♭	MI
Trastes	I	II	III	IV	V	VI	VII	VIII	IX	X	XI	XII

El acorde de séptima con novena aumentada

Está compuesto desde la tónica, por una tercera mayor, quinta justa, séptima menor y novena aumentada.

DO 7/9#   Do, Mi, Sol, Si♭, Re#

Posición A

Posición B

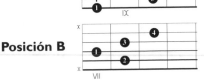

A	FA	#/♭	SOL	#/♭	LA	#/♭	SI	DO	#/♭	RE	#/♭	MI
B	SI	DO	#/♭	RE	#/♭	MI	FA	#/♭	SOL	#/♭	LA	SI
Trastes	I	II	III	IV	V	VI	VII	VIII	IX	X	XI	XII

El acorde de novena con quinta disminuida

Está compuesto desde la tónica, por la tercera mayor, quinta disminuida, séptima menor y novena mayor.

 DO9/5♭ Do, Mi, Sol♭, Si♭, Re

Posición A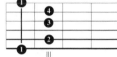

Posición B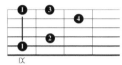

	I	II	III	IV	V	VI	VII	VIII	IX	X	XI	XII
A	SI	DO	#/♭	RE	#/♭	MI	FA	#/♭	SOL	#/♭	LA	#/♭
B	MI	FA	#/♭	SOL	#/♭	LA	#/♭	SI	DO	#/♭	RE	#/♭
Trastes	I	II	III	IV	V	VI	VII	VIII	IX	X	XI	XII

El acorde de novena con quinta aumentada

Está compuesto desde la tónica, por una tercera mayor, quinta aumentada, séptima menor y novena mayor.

 DO9/5# Do, Mi, Sol#, Si♭, Re

Posición A

Posición B

	I	II	III	IV	V	VI	VII	VIII	IX	X	XI	XII
A	FA#	SOL	#/♭	LA	#/♭	SI	DO	#/♭	RE	#/♭	MI	FA
B	RE	#/♭	MI	FA	#/♭	SOL	#/♭	LA	#/♭	SI	DO	#/♭
Trastes	I	II	III	IV	V	VI	VII	VIII	IX	X	XI	XII

El acorde de novena mayor

Está compuesto desde la tónica, por la tercera mayor, quinta justa, séptima mayor y novena mayor.

DO 7+/9  Do, Mi, Sol, Si, Re

Posición A

Posición B

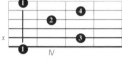

A	FA	#/♭	SOL	#/♭	LA	#/♭	SI	DO	#/♭	RE	#/♭	MI
B	LA#	SI	DO	#/♭	RE	#/♭	MI	FA	#/♭	SOL	#/♭	LA
Trastes	I	II	III	IV	V	VI	VII	VIII	IX	X	XI	XII

El acorde menor de séptima

Está compuesto desde la tónica, por la tercera menor, quinta justa y séptima menor.

DO-7 Do, Mi♭, Sol, Si♭

Posición A

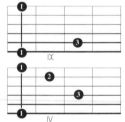

Posición B

A	FA	#/♭	SOL	#/♭	LA	#/♭	SI	DO	#/♭	RE	#/♭	MI
B	LA#	SI	DO	#/♭	RE	#/♭	MI	FA	#/♭	SOL	#/♭	LA
Trastes	I	II	III	IV	V	VI	VII	VIII	IX	X	XI	XII

El acorde menor de séptima con quinta disminuida

Está compuesto desde la tónica, por la tercera menor, quinta disminuida y séptima menor.

DO-7/5♭   Do, Mi♭, Sol♭, Si♭   **Posición A**   **Posición B**

A	DO	#/♭	RE	#/♭	MI	FA	#/♭	SOL	#/♭	LA	#/♭	SI
B	FA#	SOL	#/♭	LA	#/♭	SI	DO	#/♭	RE	#/♭	MI	FA
Trastes	I	II	III	IV	V	VI	VII	VIII	IX	X	XI	XII

El acorde menor de séptima mayor

Está compuesto desde la tónica, por la tercera mayor, quinta justa y séptima mayor.

DO7+   Do, Mi, Sol, Si   **Posición A**   **Posición B**

A	SI♭	SI	DO	#/♭	RE	#/♭	MI	FA	#/♭	SOL	#/♭	LA
B	DO#	RE	#/♭	MI	FA	#/♭	SOL	#/♭	LA	#/♭	SI	DO
Trastes	I	II	III	IV	V	VI	VII	VIII	IX	X	XI	XII

El acorde menor de undécima

Está compuesto desde la tónica, por la tercera menor, la quinta justa, séptima menor, novena mayor y undécima mayor.

DO-11  Do, Mib,Sol, Sib,Re, Fa **Posición A**

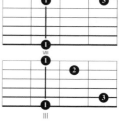

Posición B

A	FA	#/b	SOL	#/b	LA	#/b	SI	DO	#/b	RE	#/b	MI
B	LA#	SI	DO	#/b	RE	#/b	MI	FA	#/b	SOL	#/b	LA
Trastes	I	II	III	IV	V	VI	VII	VIII	IX	X	XI	XII

El acorde de undécima

Está compuesto desde la tónica, por la tercera mayor, quinta justa, séptima menor, novena mayor y undécima mayor.

DO11 Do, Mi,Sol, Sib,Re, Fa **Posición A**

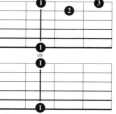

Posición B

A	FA	#/b	SOL	#/b	LA	#/b	SI	DO	#/b	RE	#/b	MI
B	LA#	SI	DO	#/b	RE	#/b	MI	FA	#/b	SOL	#/b	LA
Trastes	I	II	III	IV	V	VI	VII	VIII	IX	X	XI	XII

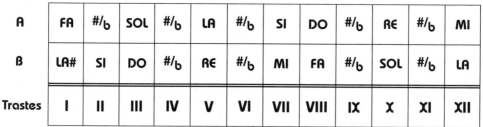

El acorde menor de undécima aumentada

Está compuesto desde la tónica, por la tercera mayor, quinta justa, séptima menor, novena mayor y undécima aumentada.

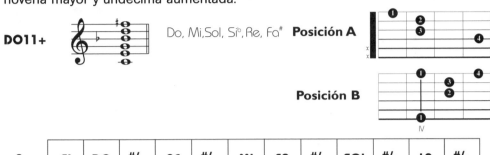

DO11+ — Do, Mi, Sol, Si♭, Re, Fa♯ — **Posición A** / **Posición B**

A	SI	DO	#/♭	RE	#/♭	MI	FA	#/♭	SOL	#/♭	LA	#/♭
B	RE#	MI	FA	#/♭	SOL	#/♭	LA	#/♭	SI	DO	#/♭	RE
Trastes	I	II	III	IV	V	VI	VII	VIII	IX	X	XI	XII

El acorde menor de decimotercera

Está compuesto desde la tónica, por la tercera menor, quinta justa, séptima menor, novena mayor, undécima mayor y decimotercera mayor.

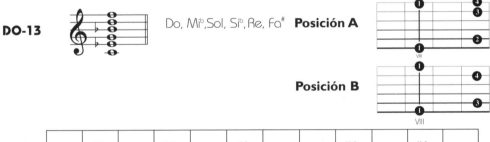

DO-13 — Do, Mi♭, Sol, Si♭, Re, Fa♯ — **Posición A** / **Posición B**

A	FA	#/♭	SOL	#/♭	LA	#/♭	SI	DO	#/♭	RE	#/♭	MI
B	FA	#/♭	SOL	#/♭	LA	#/♭	SI	DO	#/♭	RE	#/♭	MI
Trastes	I	II	III	IV	V	VI	VII	VIII	IX	X	XI	XII

El acorde de decimotercera

Está compuesto desde la tónica, por la tercera mayor, quinta justa, séptima menor, novena mayor, undécima mayor y decimotercera mayor.

DO13 Do, Mi, Sol, Si♭, Re, Fa# **Posición A**

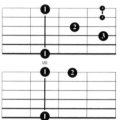

Posición B

A	FA	#/♭	SOL	#/♭	LA	#/♭	SI	DO	#/♭	RE	#/♭	MI
B	SOL#	LA	#/♭	SI	DO	#/♭	RE	#/♭	MI	FA	#/♭	SOL
Trastes	I	II	III	IV	V	VI	VII	VIII	IX	X	XI	XII

Quinta parte

ACORDES Y POSICIONES

$$\frac{\textbf{Do}}{\textbf{C}}$$

DO Mayor

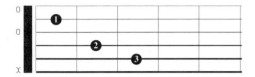
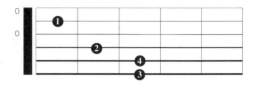

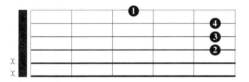
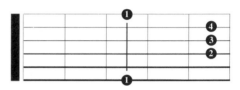

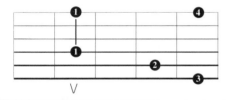
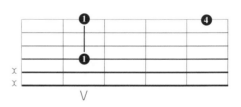

V

V

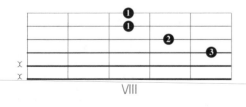
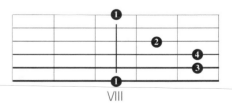

VIII

VIII

DO Menor

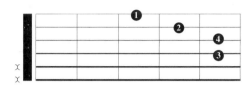

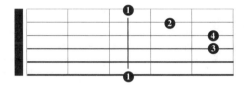

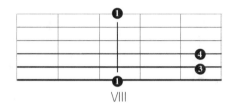

VIII

DO5+

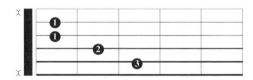

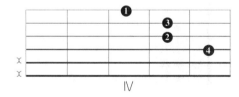

IV

DO6

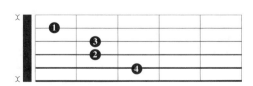

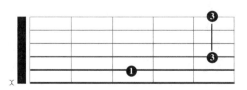

DO6

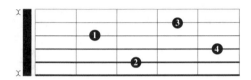

VII

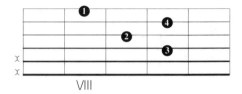

VIII

DO-6

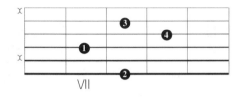

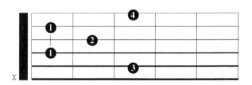

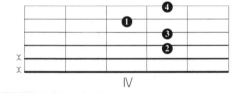

IV

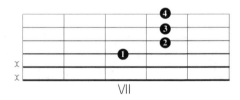

VII

DO6/9

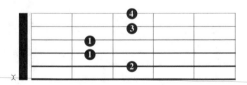

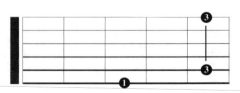

DO6/9

DO7

DO7

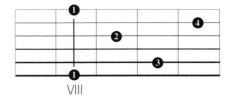

VIII

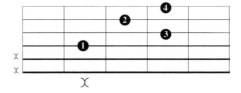

X

DO-7

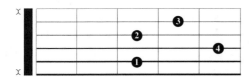

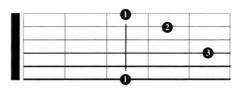

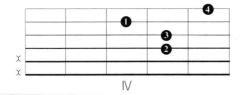

IV

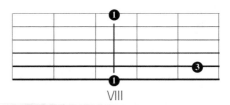

VIII

DO-7/5♭

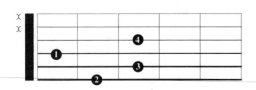

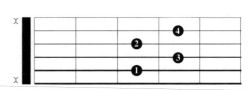

DO-7/5♭

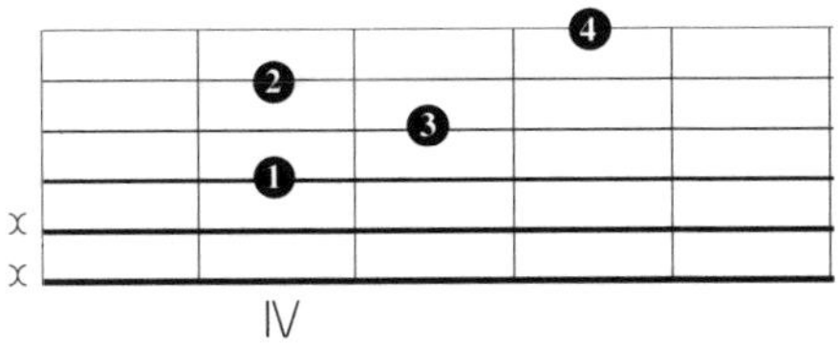

IV

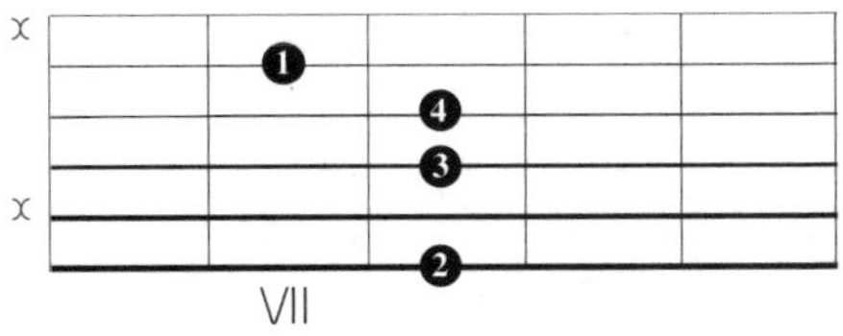

VII

DO7+

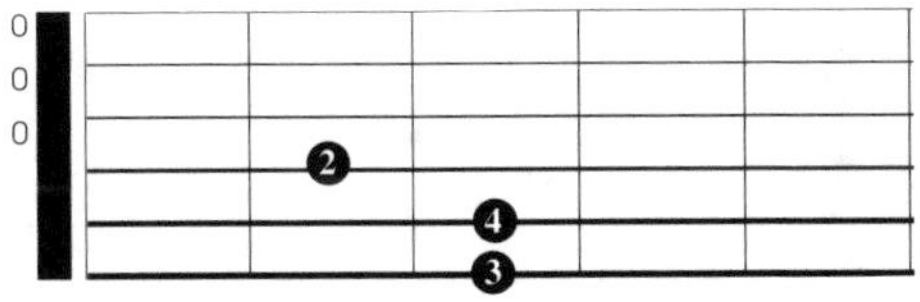

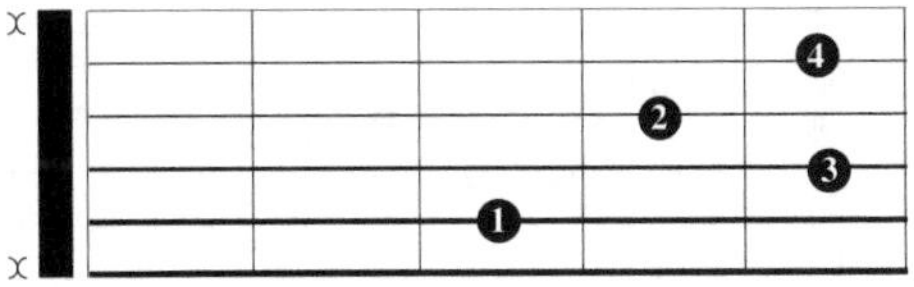

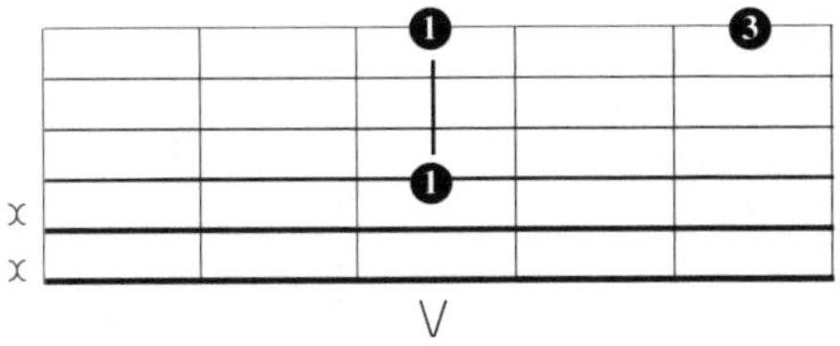

V

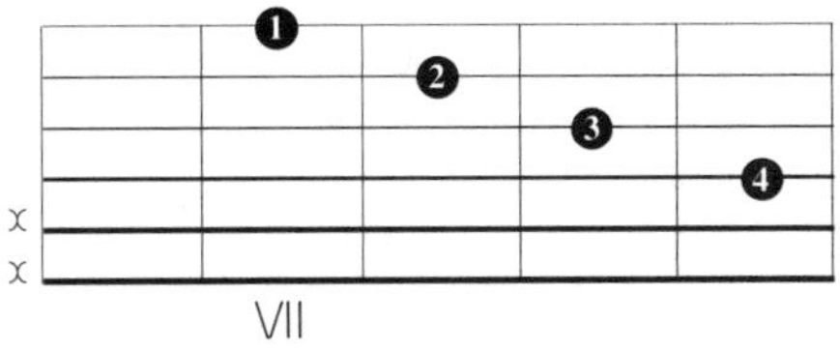

VII

DO7 dism.

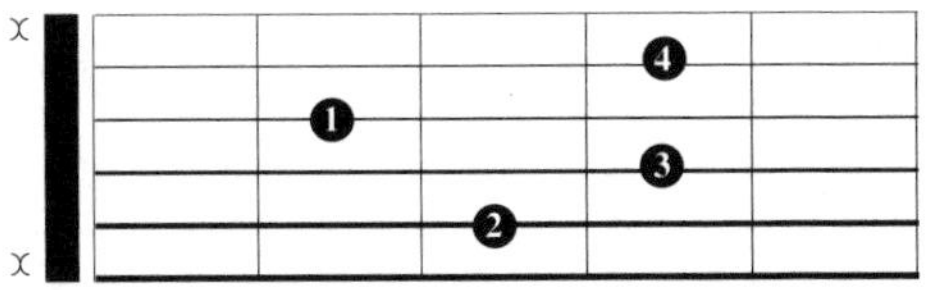

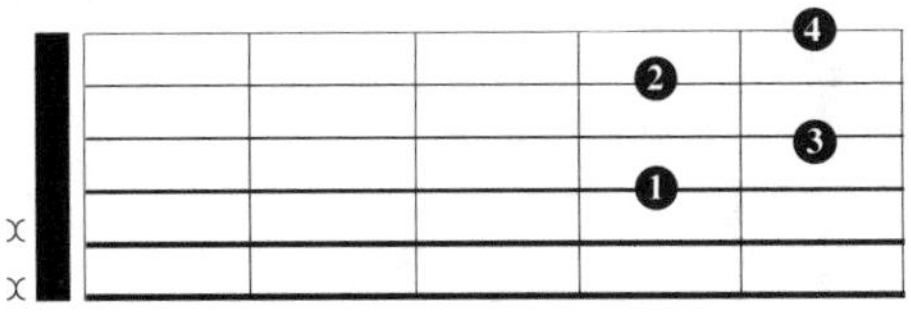

DO7 dism.

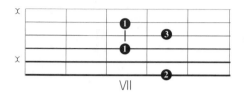

VII

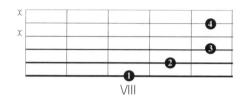

VIII

DO7/5+

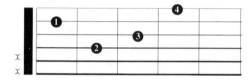

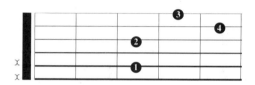

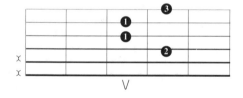

V

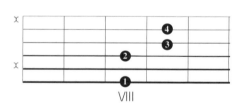

VIII

DO-7+

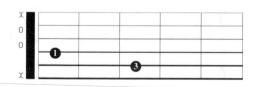

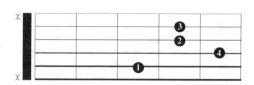

DO-7+

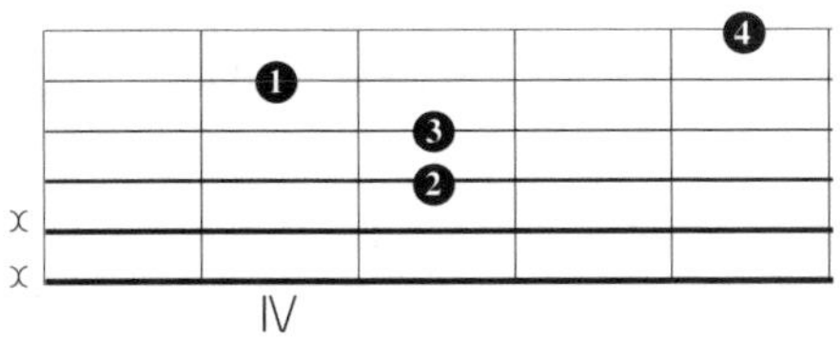

IV

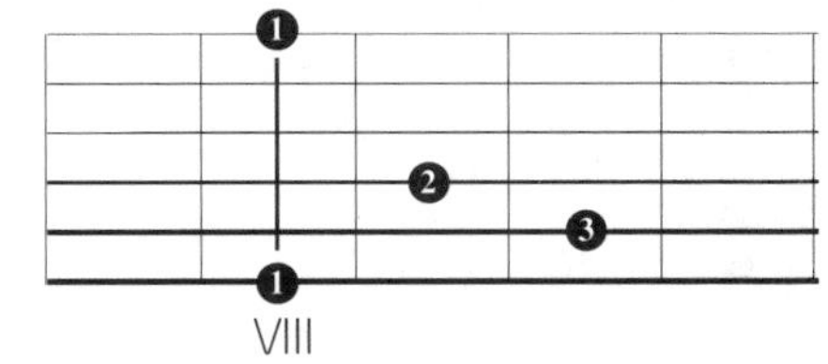

VIII

DO7añad. 4

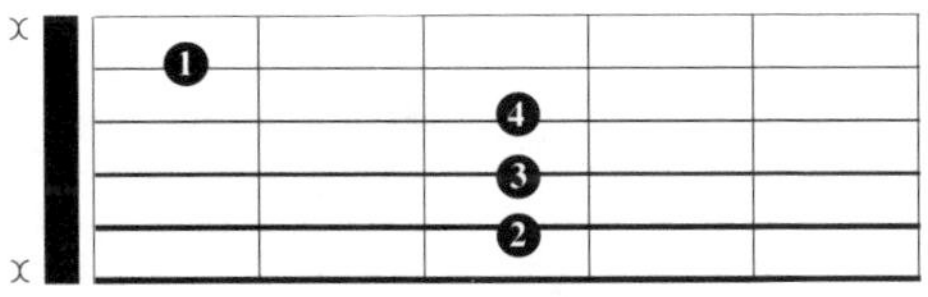

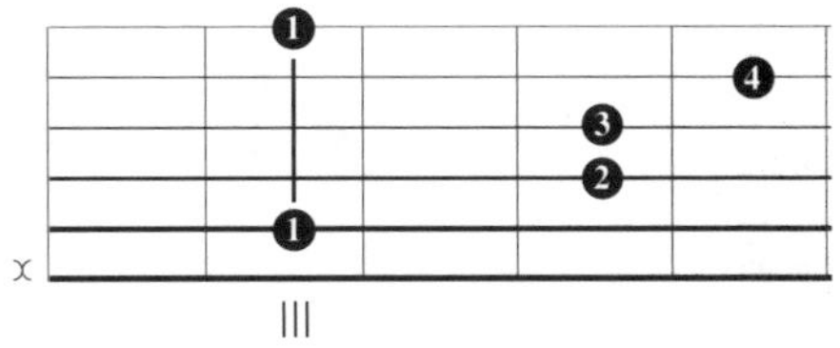

III

DO-7añad. 4

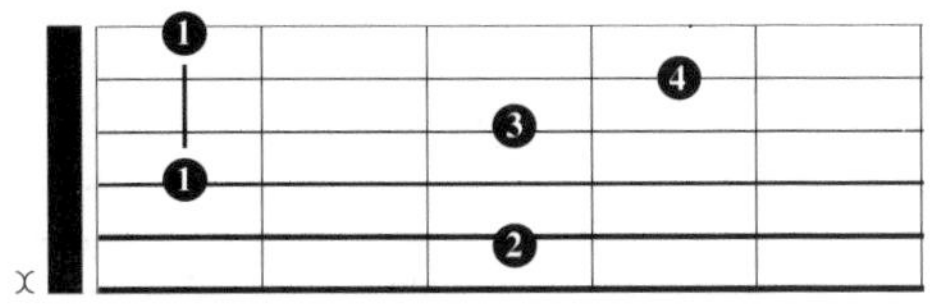

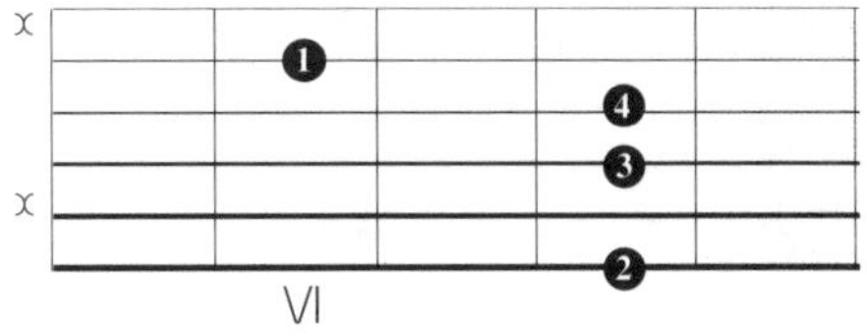

VI

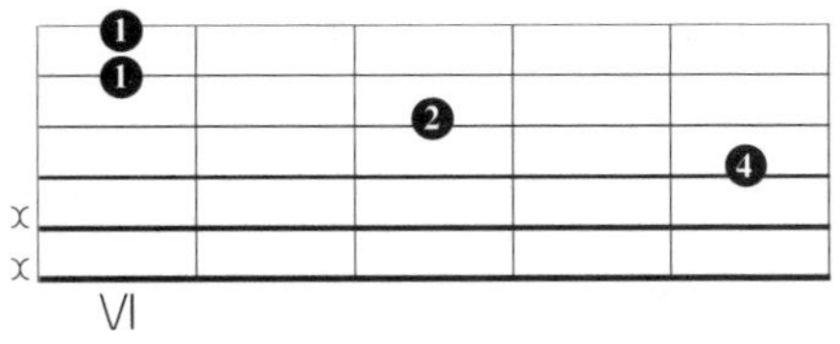

VI

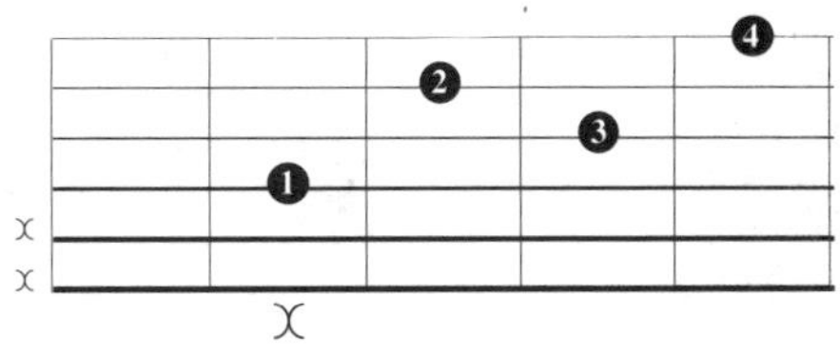

X

DO9

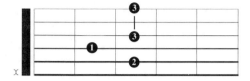

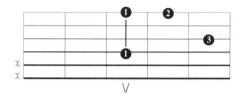

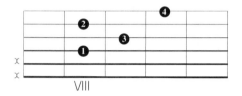

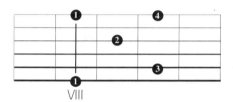

DO7+/9

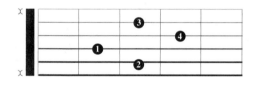

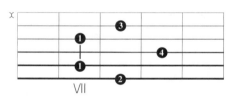

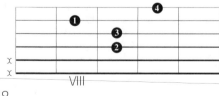

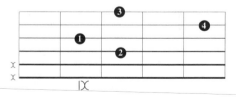

142

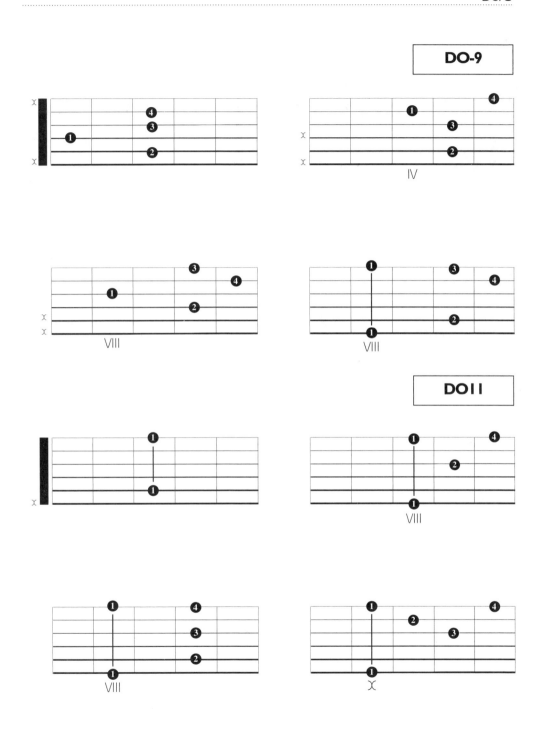

DO13

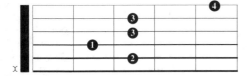

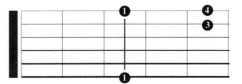

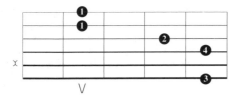

V

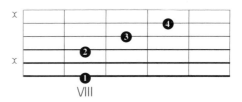

VIII

$$\frac{Do\#/Re^b}{C\#/D^b}$$

DO# Mayor

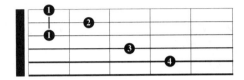

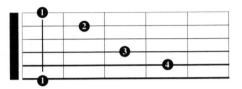

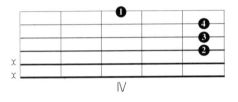

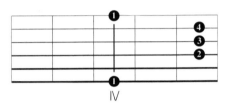

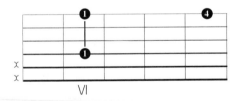

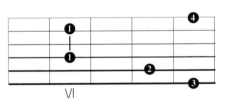

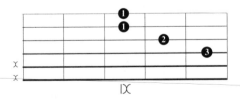

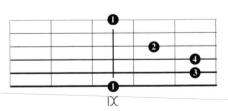

DO# Menor

DO#5+

DO#6

DO#6

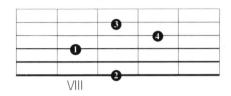

VIII

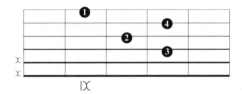

IX

DO#-6

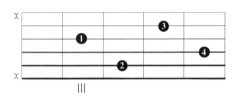

III

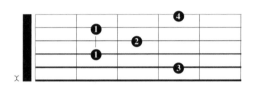

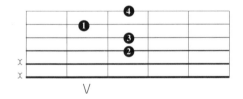

V

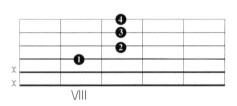

VIII

DO#6/9

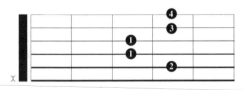

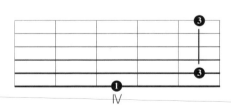

IV

DO#6/9

DO#7

DO#7

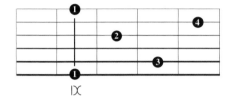

IX

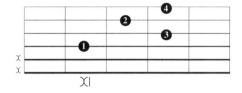

XI

DO#-7

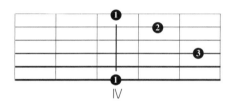

IV

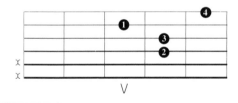

V

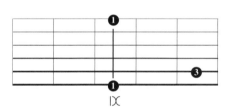

IX

DO#-7/5♭

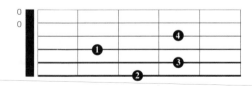

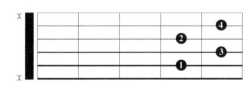

DO-7/5♭

DO#7+

DO#7 dism.

DO#7 dism.

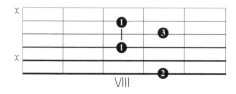

VIII

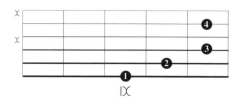

IX

DO#7/5+

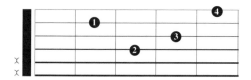

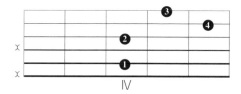

IV

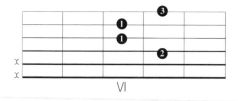

VI

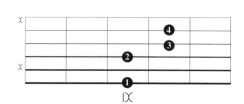

IX

DO#-7+

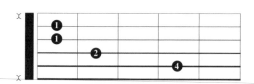

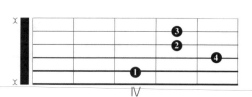

IV

DO#-7+

DO#7 añad. 4

DO#-7 añad.4

DO#9

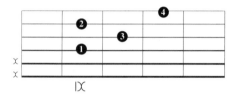

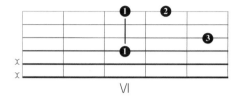

VI

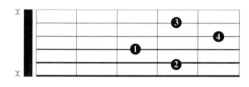

IX

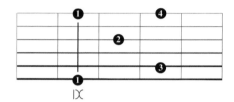

IX

DO#/RE♭7+/9

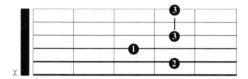

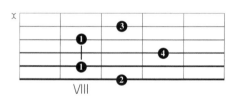

VIII

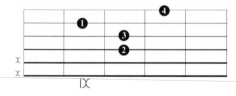

IX

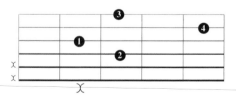

X

DO#-9

DO#11

DO#13

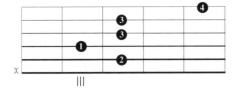

III

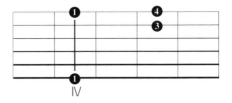

IV

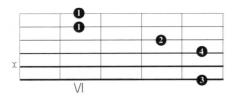

VI

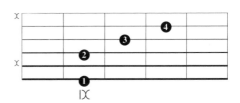

IX

Re
D

RE Mayor

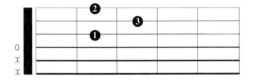

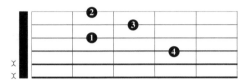

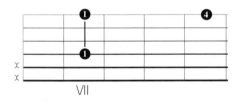

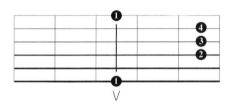

V

V

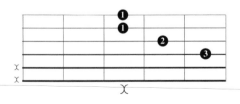

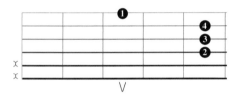

VII

VII

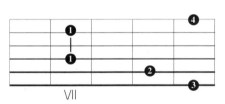

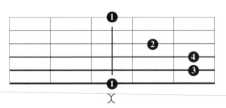

RE Menor

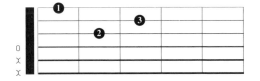

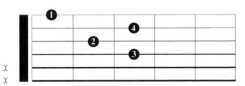

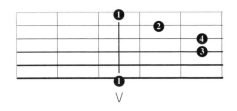

V

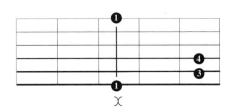

Ж

RE 5#

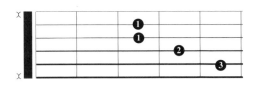

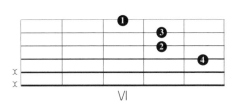

VI

RE 6

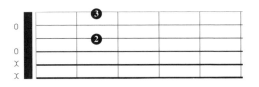

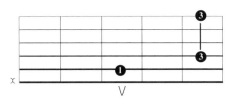

V

RE 6

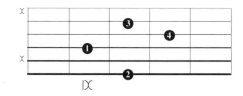

IX

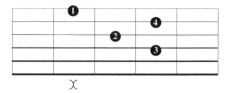

X

RE-6

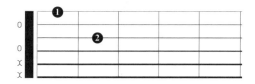

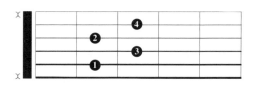

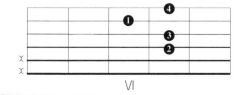

VI

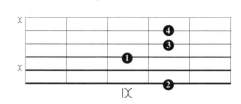

IX

RE 6/9

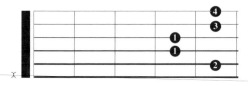

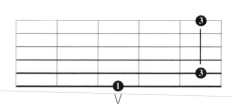

V

RE 6/9

RE 7

RE 7

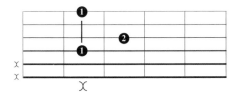

RE-7

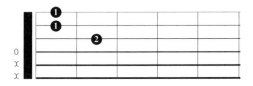

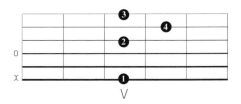

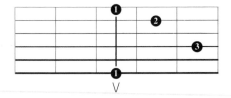

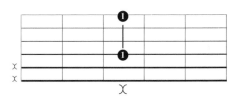

RE-7/5^b

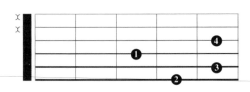

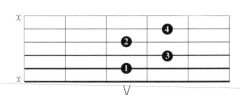

RE-7/5ᵇ

RE 7+

RE 7 dism.

RE 7 dism.

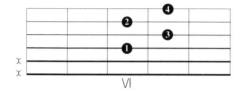

VI

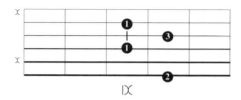

IX

RE 7/5#

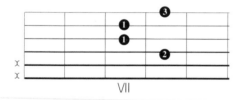

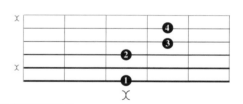

V

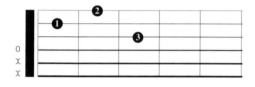

VII

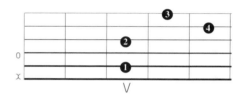

X

RE-7+

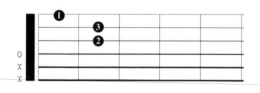

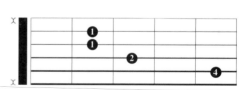

RE-7+

RE7 añad. 4

Re-7 añad. 4

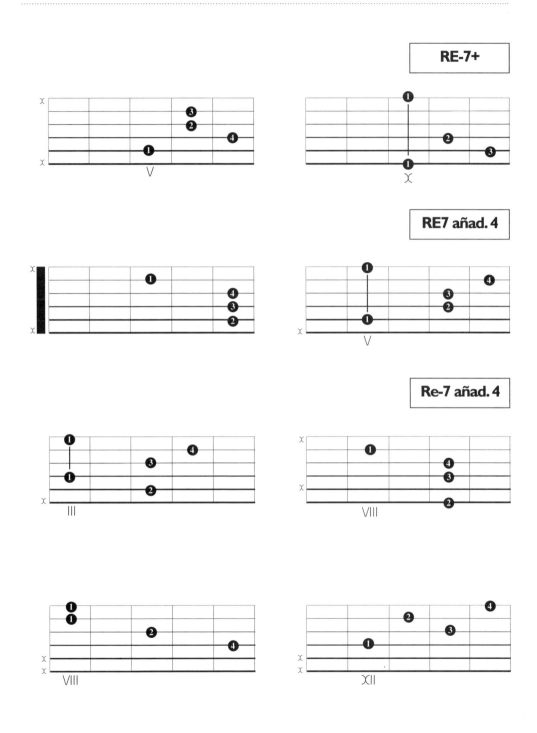

RE9

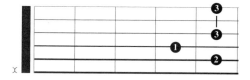

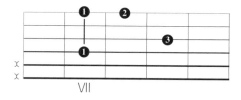

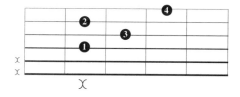

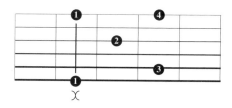

RE 7+/9

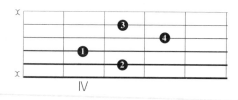

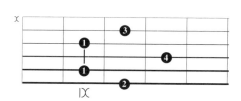

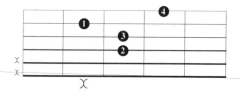

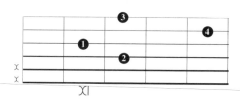

RE -9

RE11

RE13

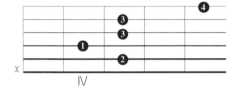

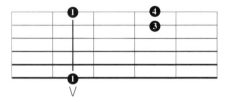

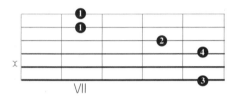

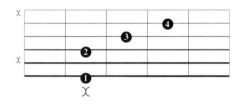

RE#/MI$^{\flat}$
D#/E$^{\flat}$

RE# Mayor

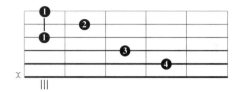

III

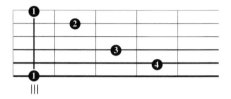

III

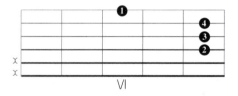

VI

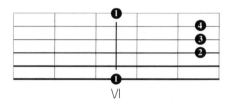

VI

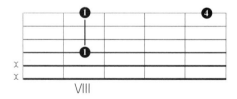

VIII

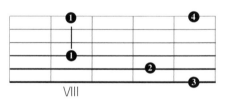

VIII

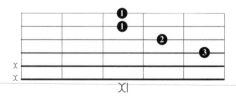

XI

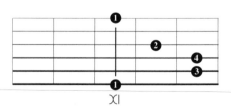

XI

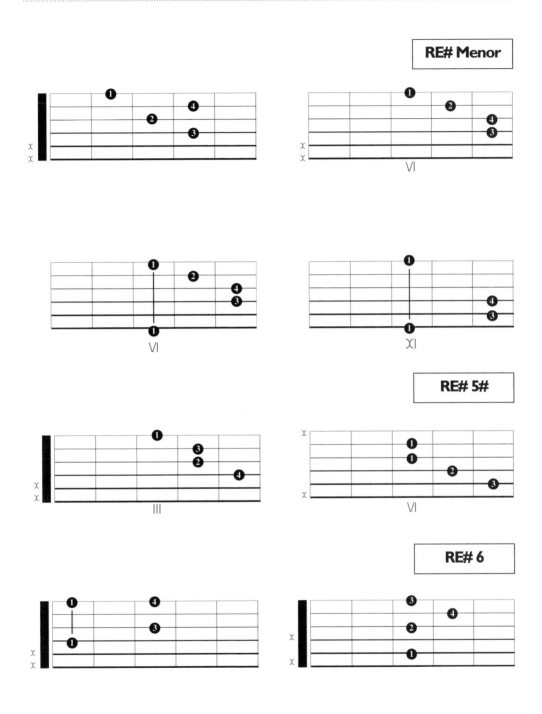

RE# Menor

RE# 5#

RE# 6

RE# 6

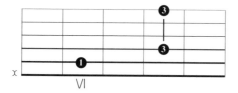
VI

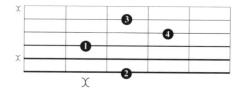

RE#-6

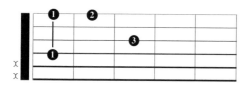

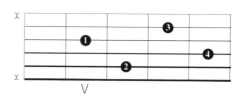
V

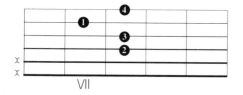
VII

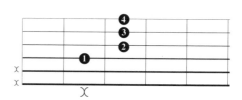

RE# 6/9

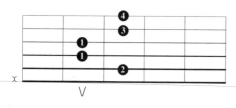
V

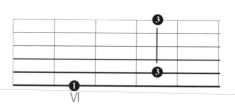
VI

RE# 6/9

RE# 7

RE# 7

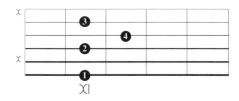

XI

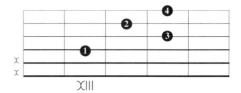

XIII

RE#-7

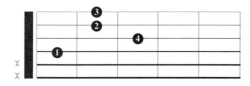

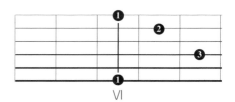

VI

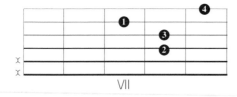

VII

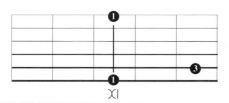

XI

RE#-7/5ᵇ

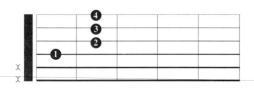

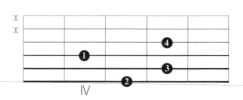

IV

RE#-7/5♭

VI

VII

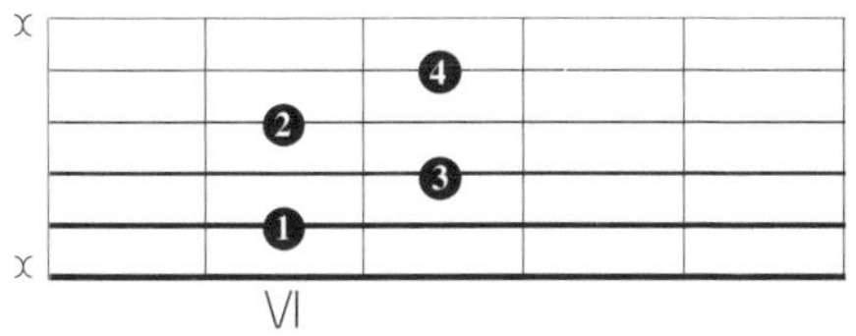

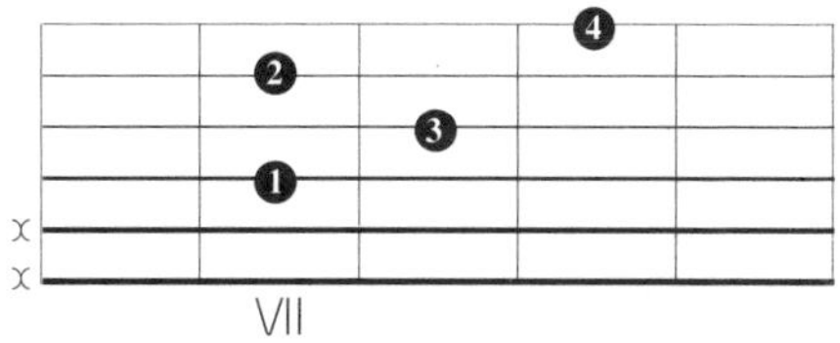

RE# 7+

III

VI

VIII

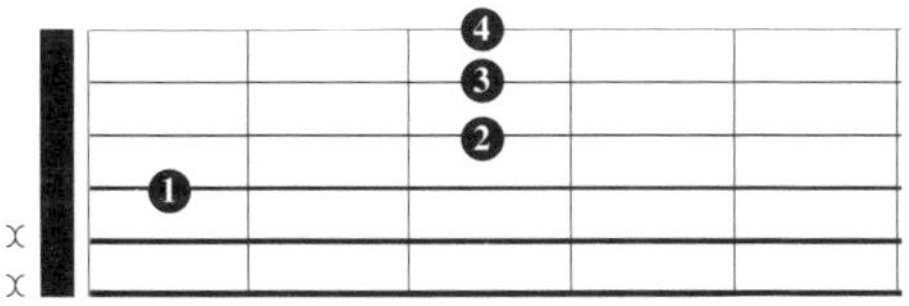

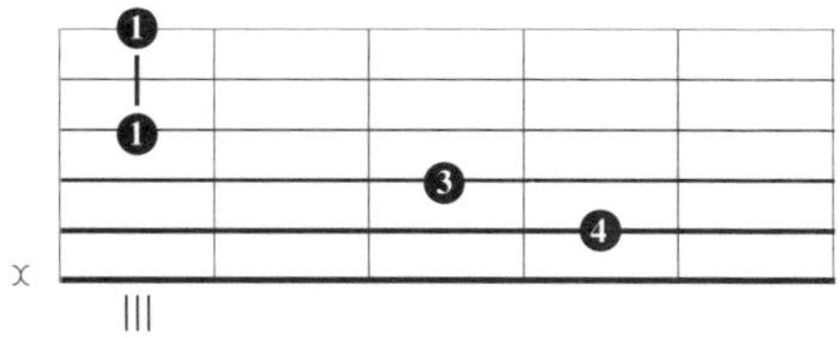

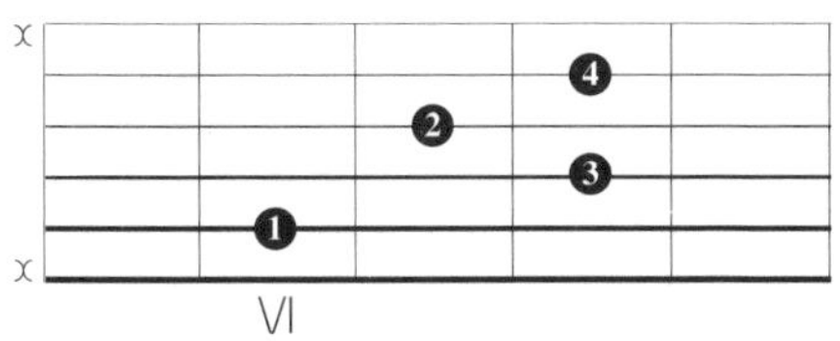

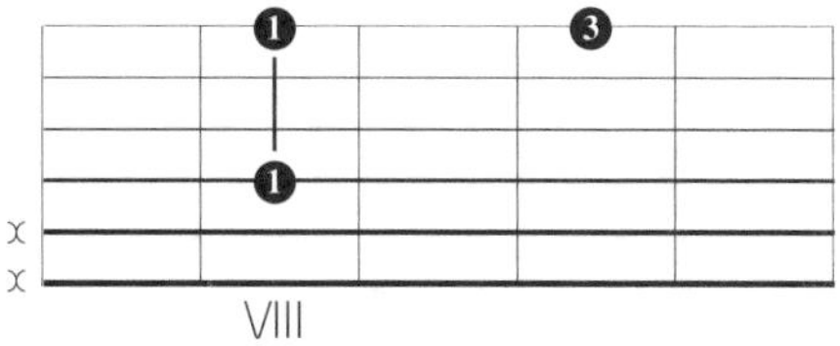

RE#7 dism.

V

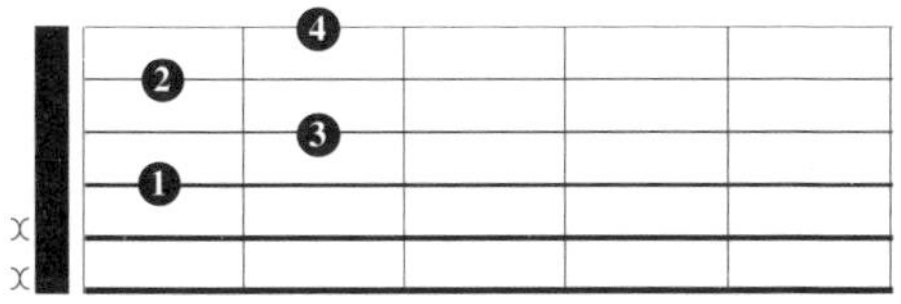

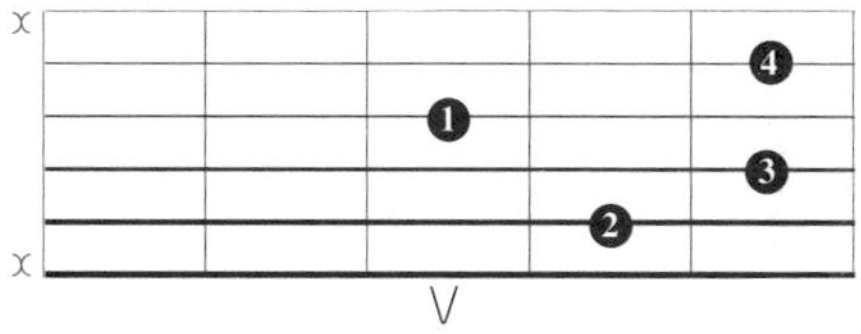

RE#7 dism.

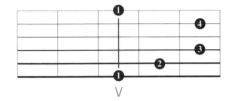

V

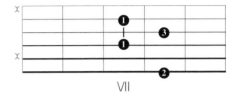

VII

RE#7/5#

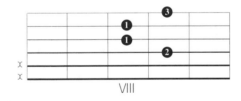

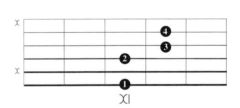

VI

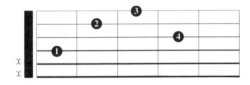

VIII

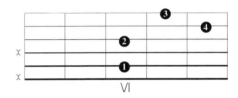

XI

RE#-7+

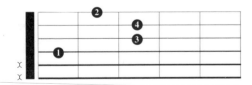

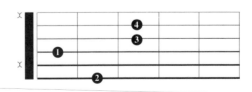

RE#-7+

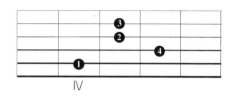

RE#7 añad. 4

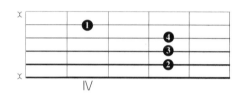

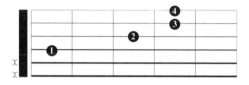

RE#-7 añad.4

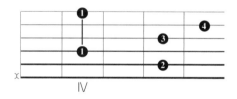

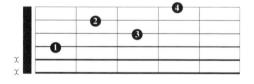

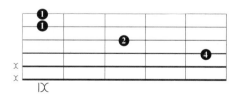

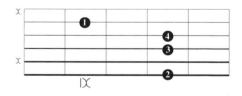

RE#9

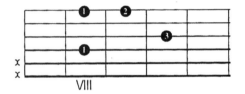

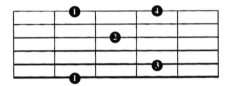

V

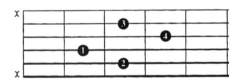

VIII

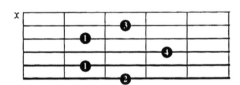

RE# 7+/9

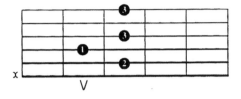

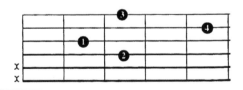

RE# -9

RE#11

RE#13

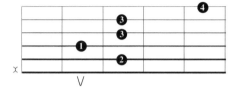

V

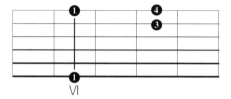

VI

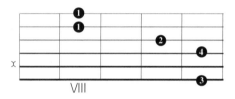

VIII

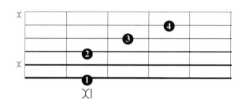

XI

MI
E

MI Mayor

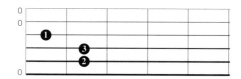

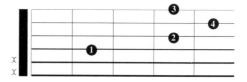

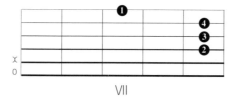

VII

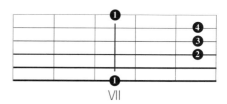

VII

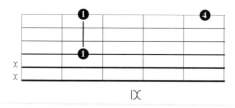

IX

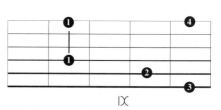

IX

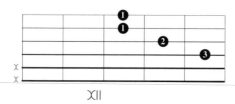

XII

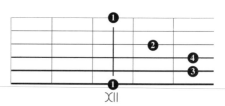

XII

MI Menor

VII

XII

MI 5#

IV

MI 6

MI 6

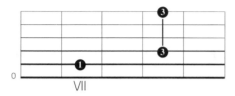

VII   XI

MI-6

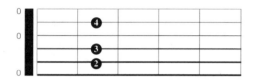

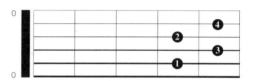

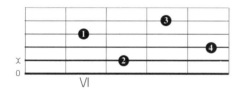

VI

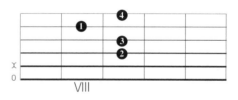

VIII

MI 6/9

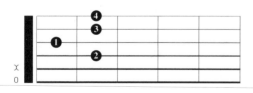

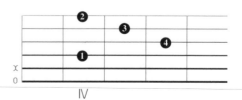

IV

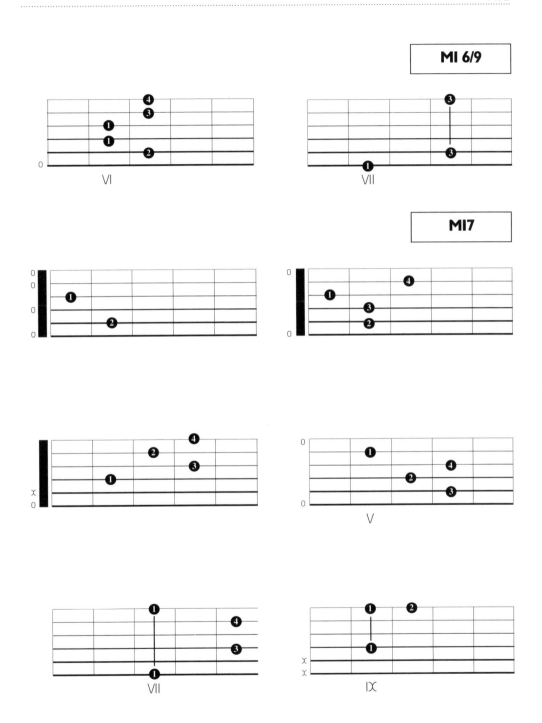

MI 6/9

MI7

VI

VII

V

VII

IX

MI 7

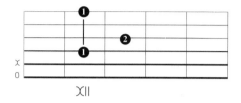

XII

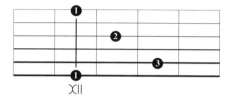

XII

MI-7

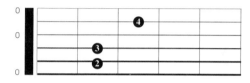

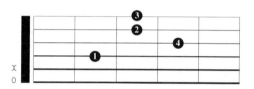

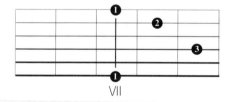

VII

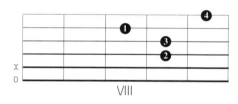

VIII

MI-7/5ᵇ

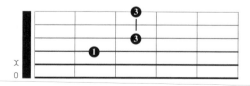

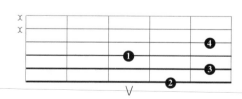

V

MI-7/5ᵇ

MI7+

MI 7 dism.

MI 7 dism.

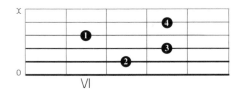

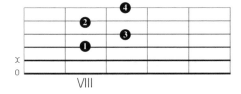

MI7/5#

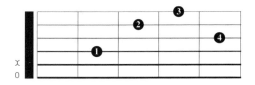

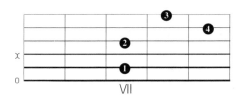

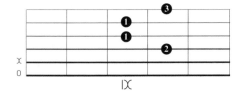

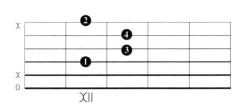

MI-7+

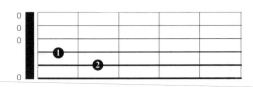

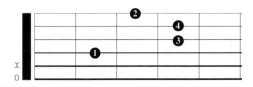

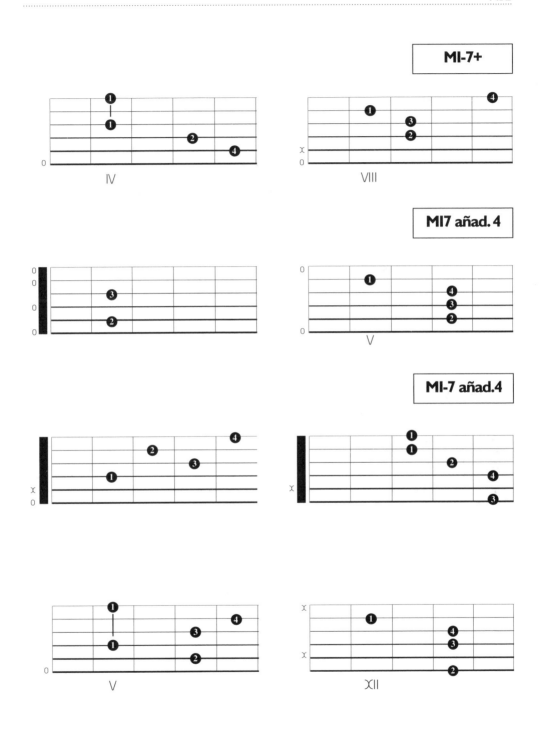

MI-7+

MI7 añad. 4

MI-7 añad.4

MI9

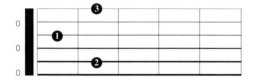

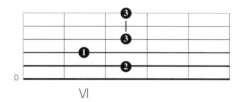

VI

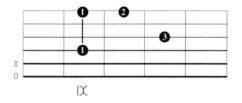

IX

XII

MI7+/9

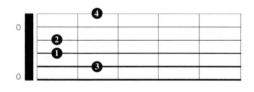

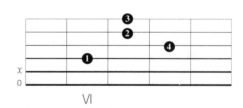

VI

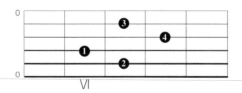

VI

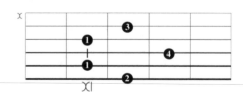

XI

MI-9

MI11

V

VII

VII

XII

MI13

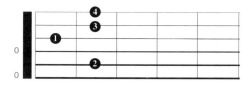

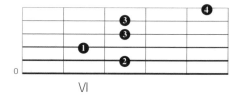

VI

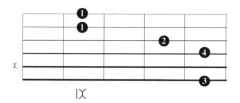

IX

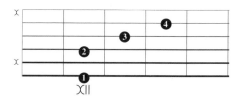

XII

$$\frac{F_A}{F}$$

FA Mayor

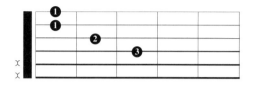

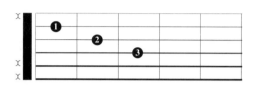

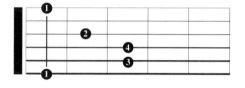

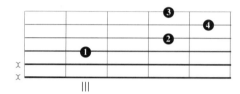

III

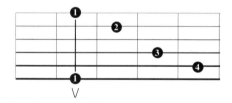

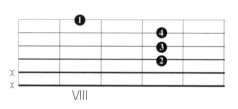

V

VIII

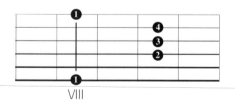

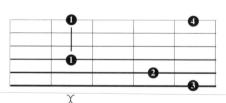

VIII

X

FA Menor

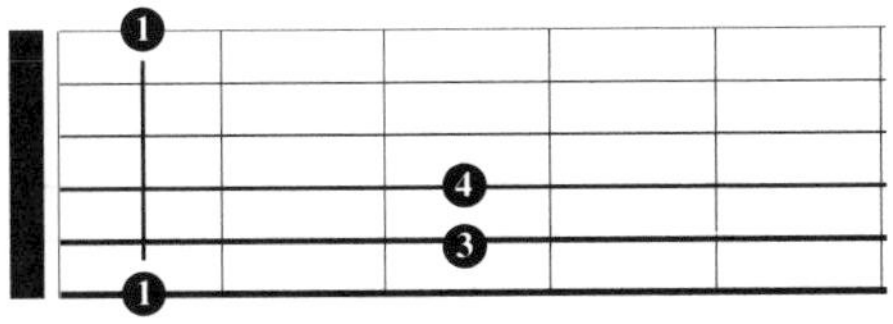

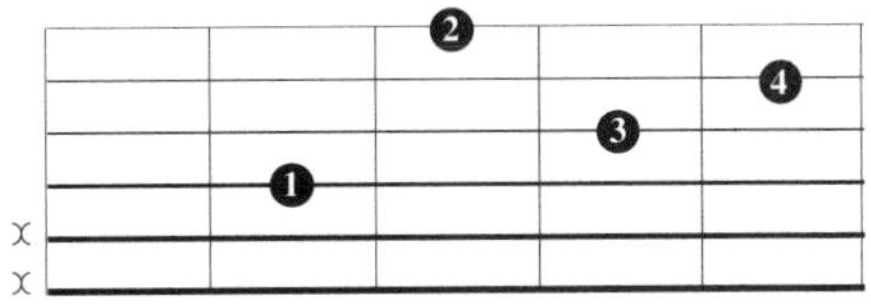

III

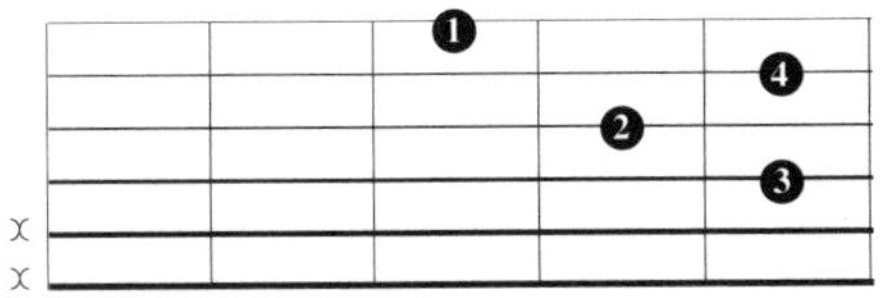

IV

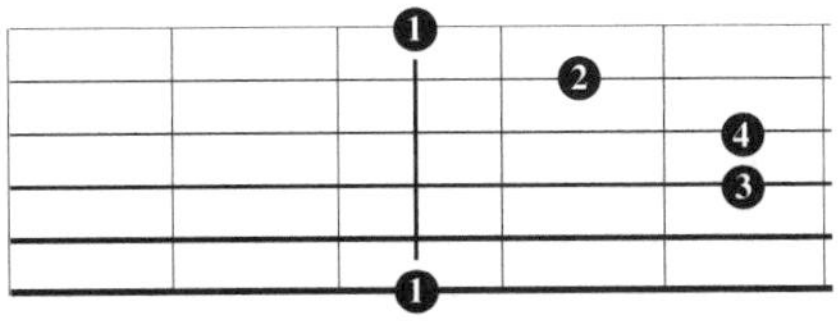

VIII

FA 5#

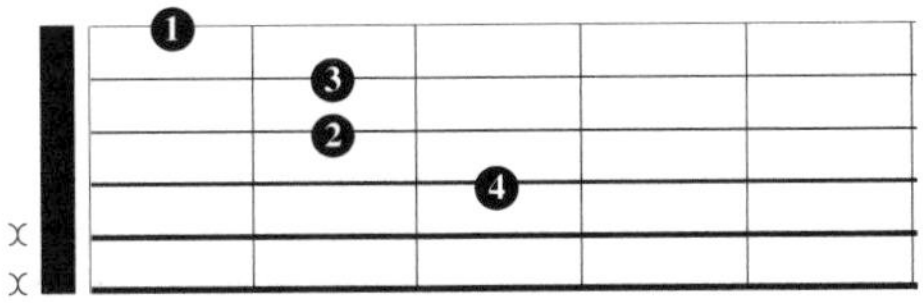

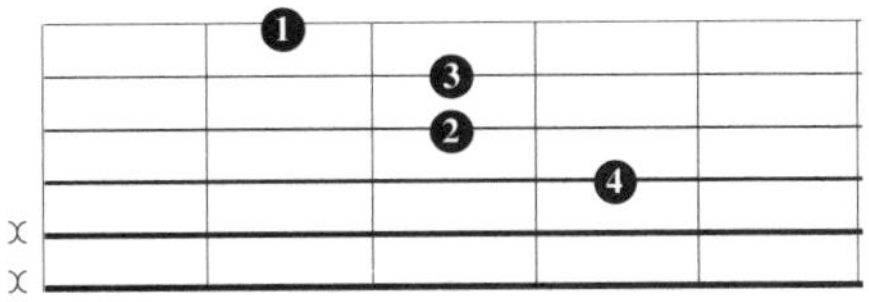

V

FA 6

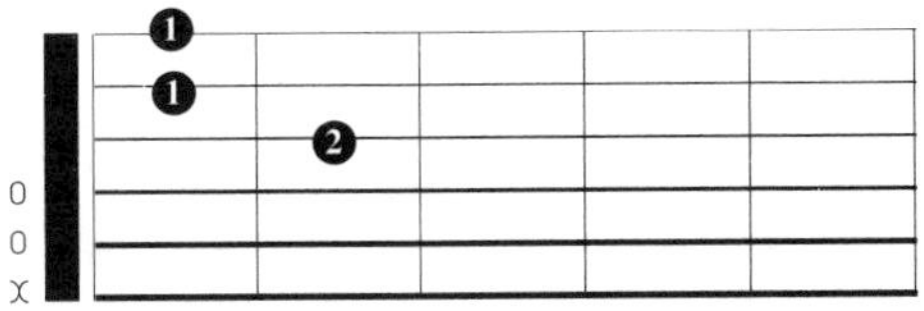

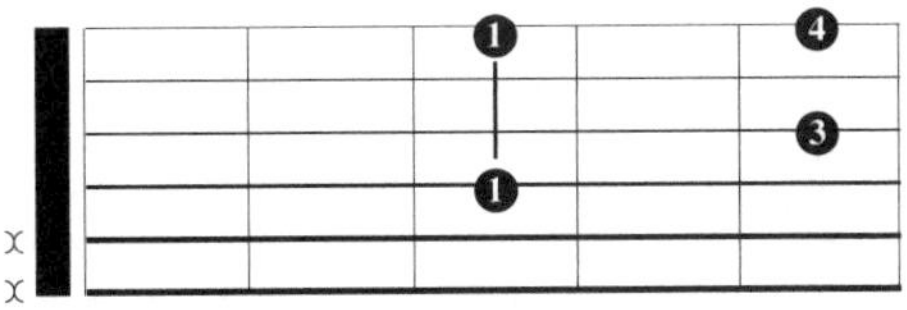

FA 6

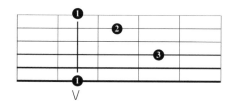

V

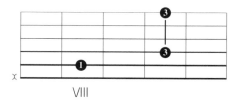

VIII

FA-6

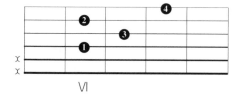

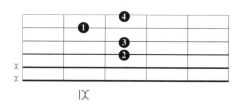

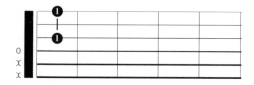

VI

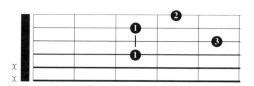

IX

FA 6/9

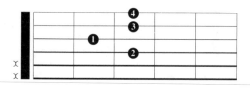

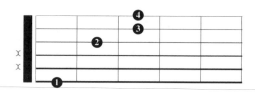

FA 6/9

V

VII

FA7

VI

VI

FA 7

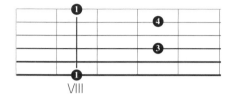

VIII

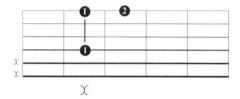

X

FA-7

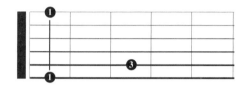

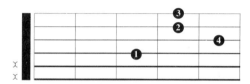

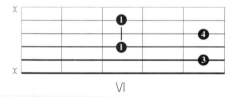

VI

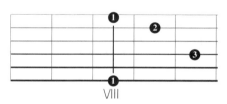

VIII

FA-7/5ᵇ

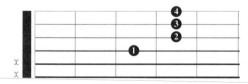

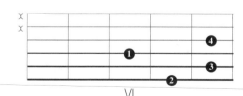

VI

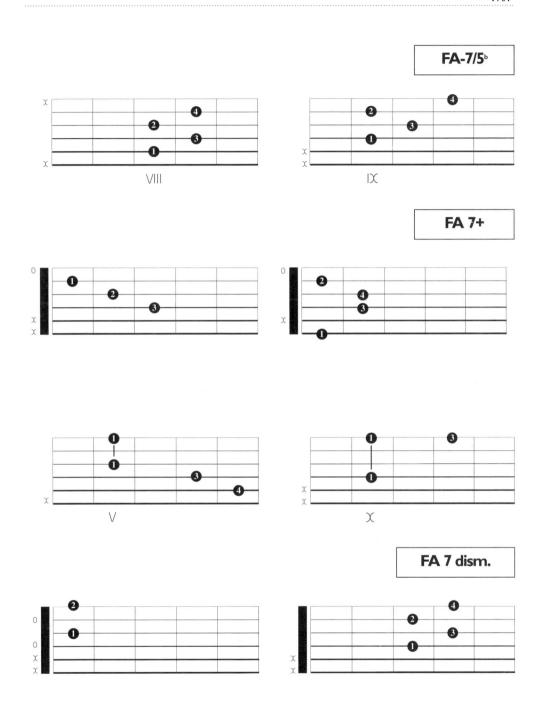

FA-7/5♭

VIII

IX

FA 7+

V

X

FA 7 dism.

FA 7 dism.

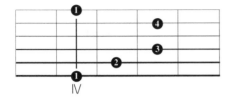

IV

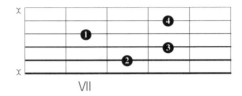

VII

FA7/5#

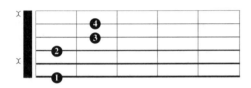

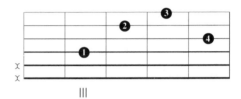

III

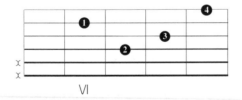

VI

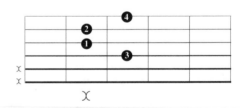

X

FA-7+

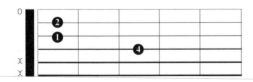

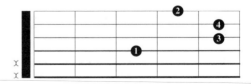

FA-7+

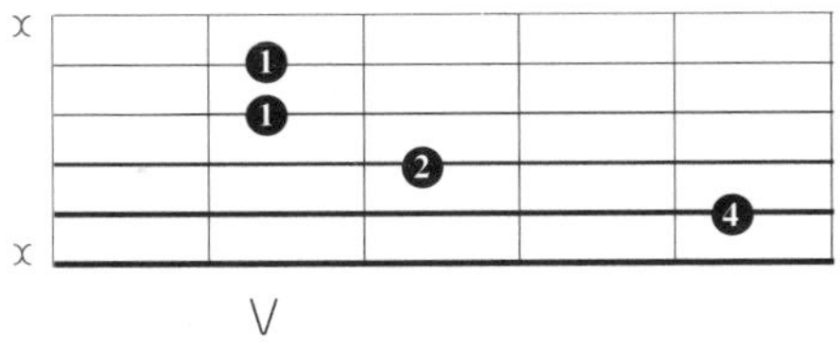

V

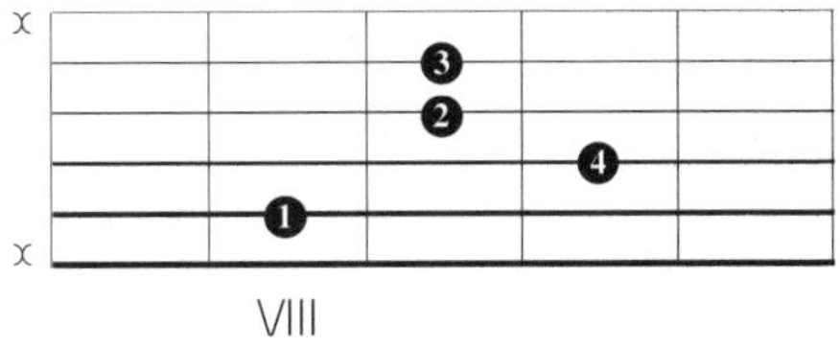

VIII

FA7 añad. 4

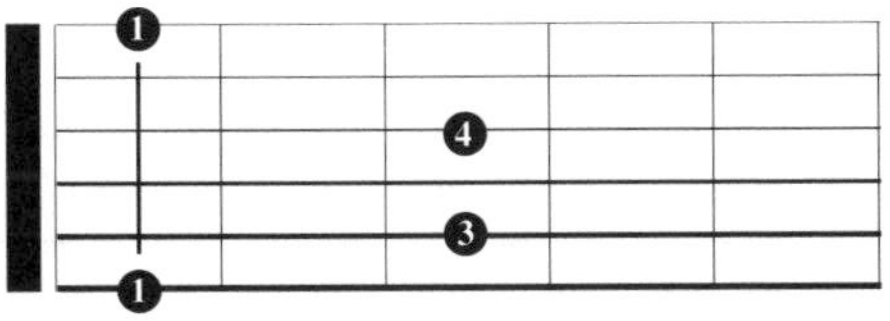

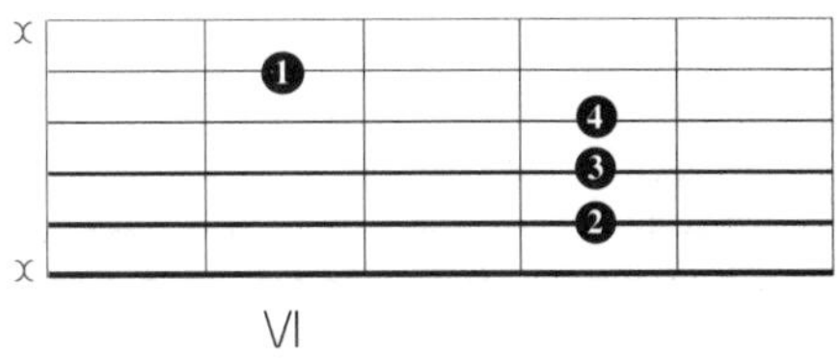

VI

FA-7 añad.4

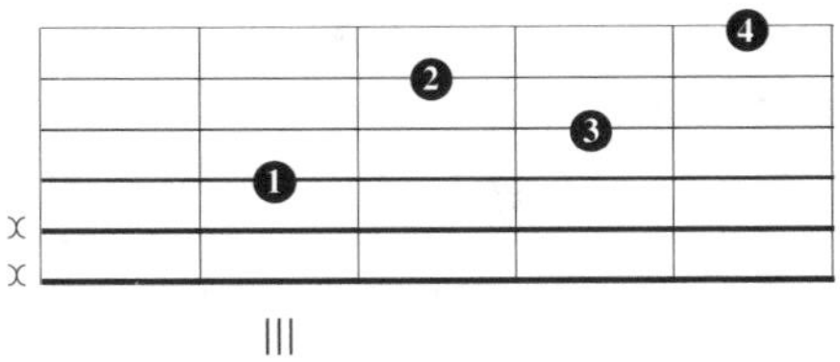

III

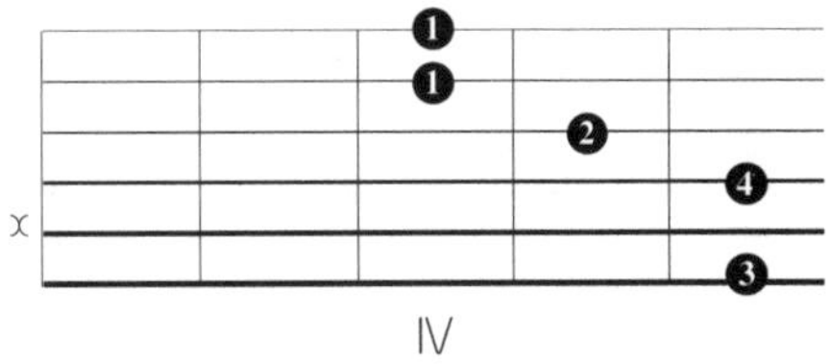

IV

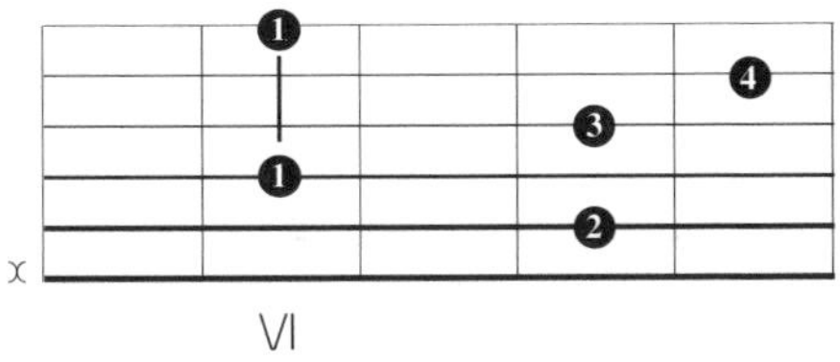

VI

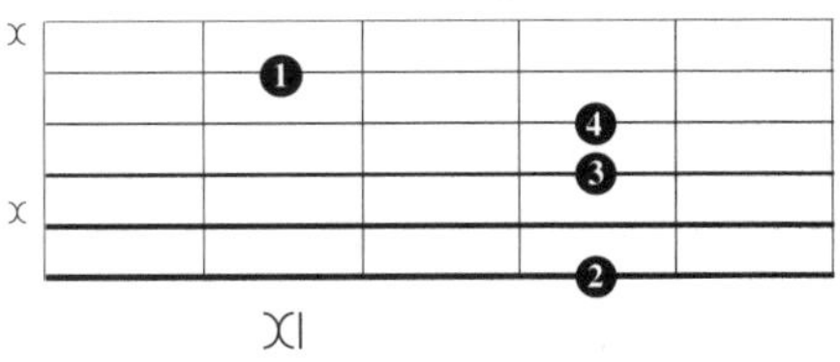

XI

FA9

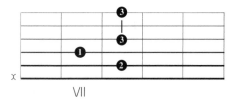

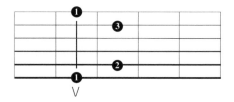

V

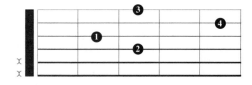

VII

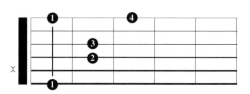

X

FA 7+/9

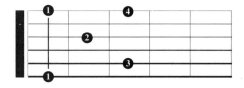

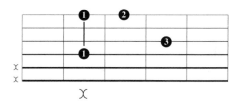

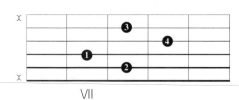

VII

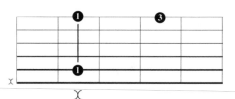

X

FA-9

FAII

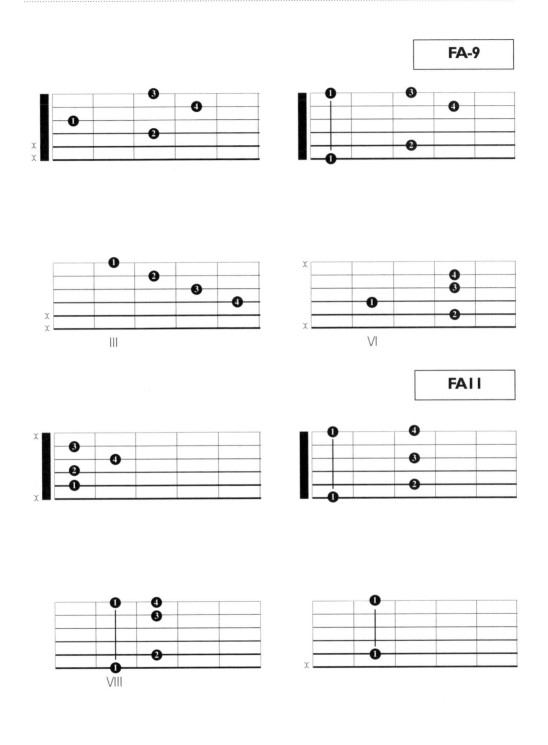

FA13

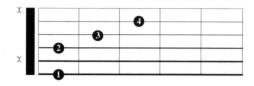 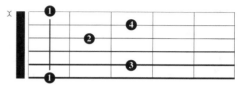

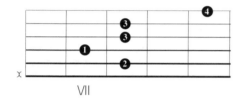 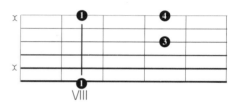

VII   VIII

FA#/Sol^b
F#/G^b

FA#/SOLᵇ Mayor

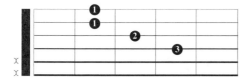

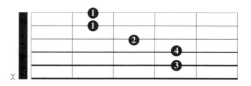

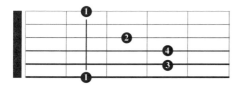

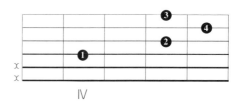

IV

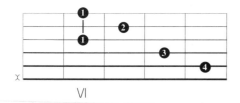

VI

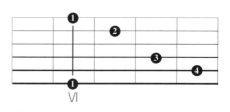

VI

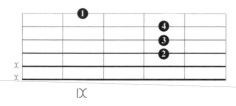

IX

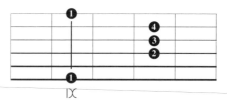

IX

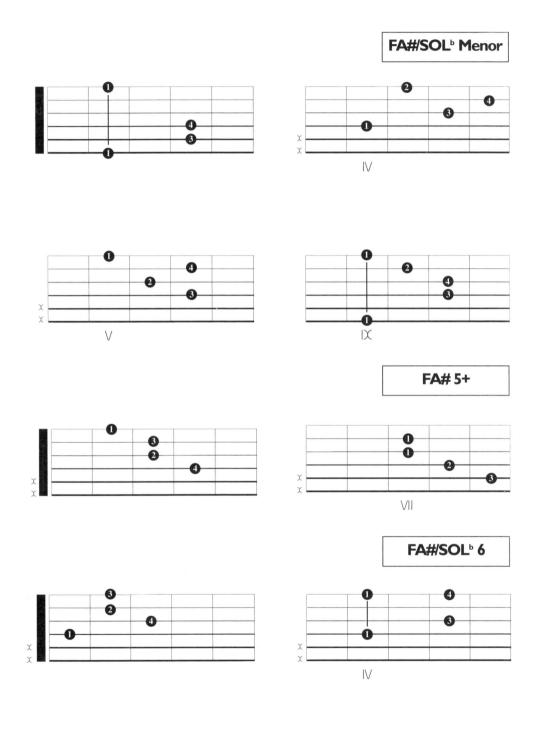

FA#/SOL♭ Menor

FA# 5+

FA#/SOL♭ 6

FA#/SOL^b 6

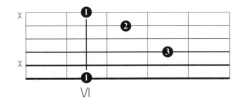

VI

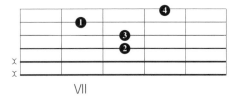

VII

FA#/SOL^b -6

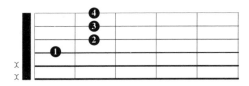

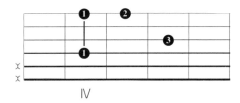

IV

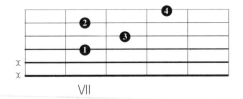

VII

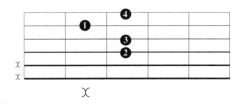

X

FA#/SOL^b 6/9

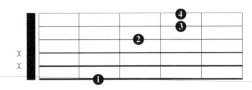

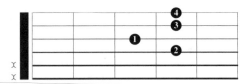

FA#/SOL♭ 6/9

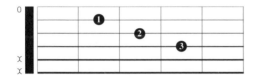

VI

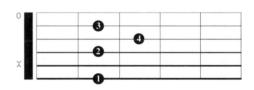

VIII

FA#/SOL♭ 7

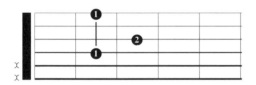

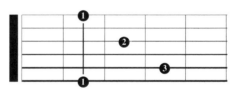

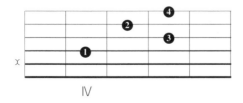

IV

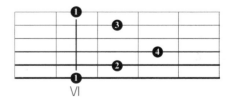

VI

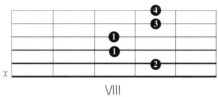

FA#/SOL♭ 7

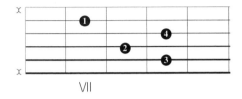

VII

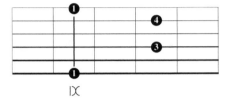

IX

FA#/SOL♭ -7

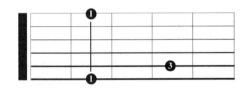

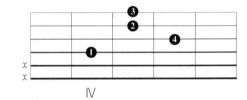

IV

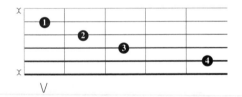

V

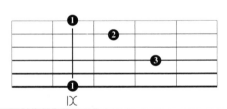

IX

FA#/SOL♭ -7/5♭

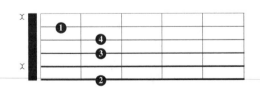

FA#/SOL♭ -7/5♭

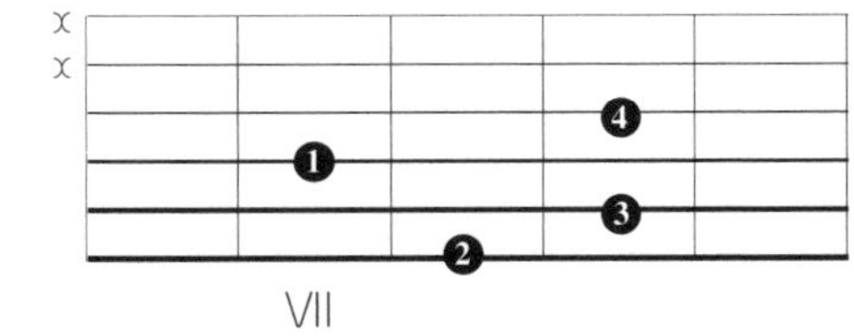

VII

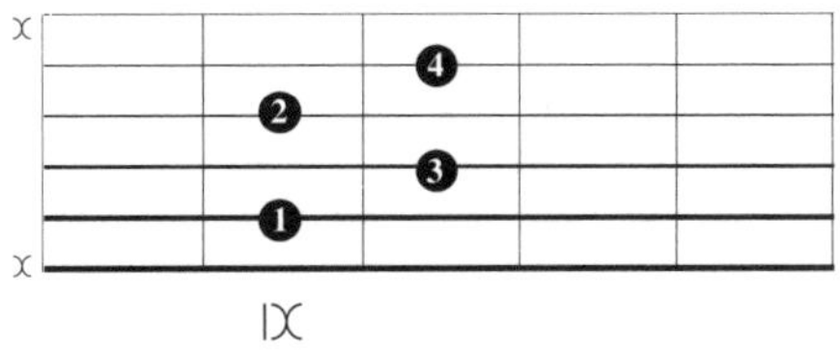

IX

FA#/SOL♭ 7+

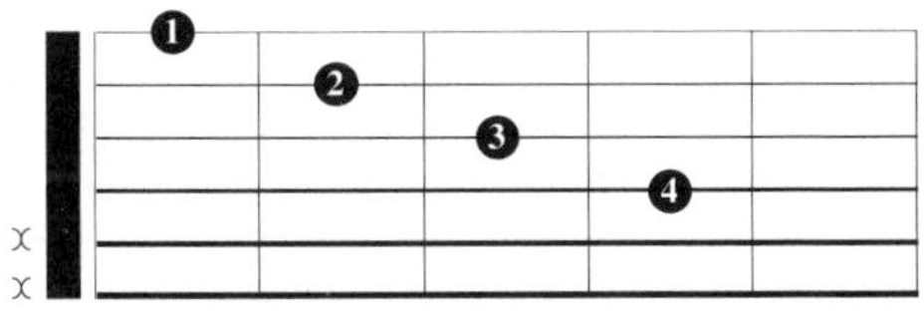

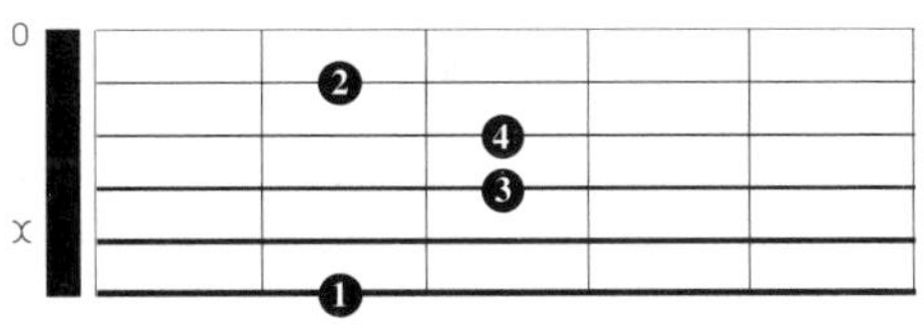

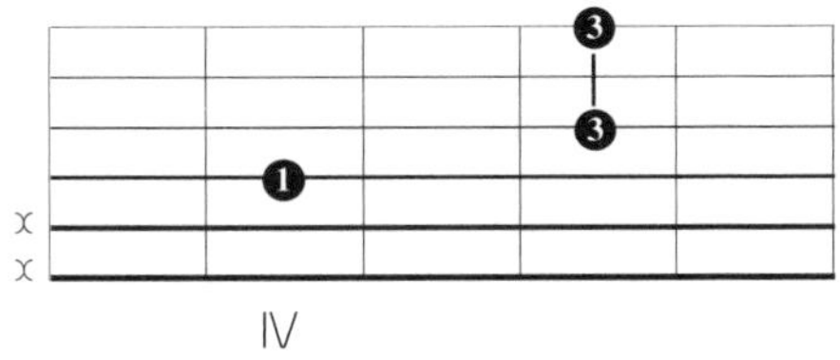

IV

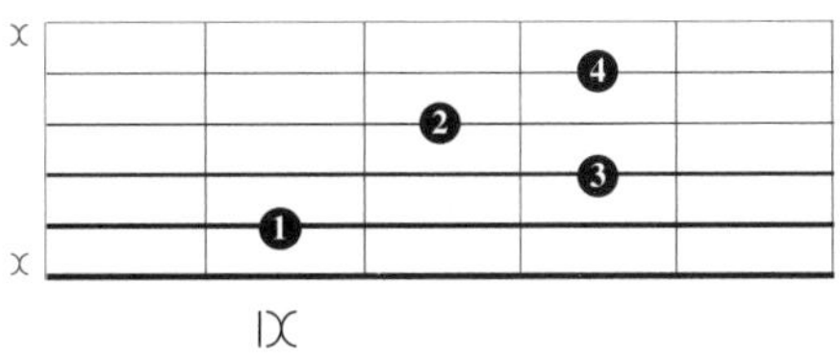

IX

FA#/SOL♭ 7 disminuido

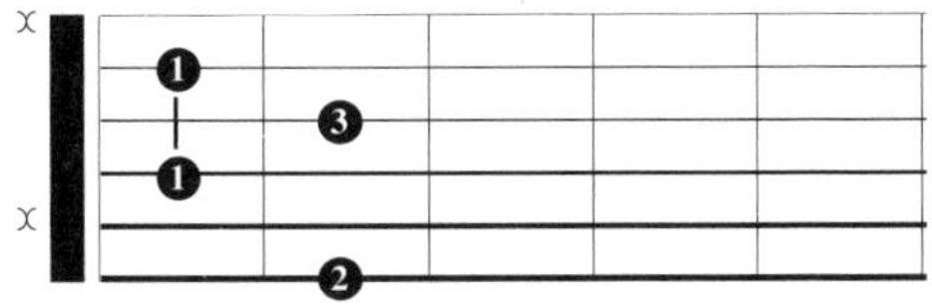

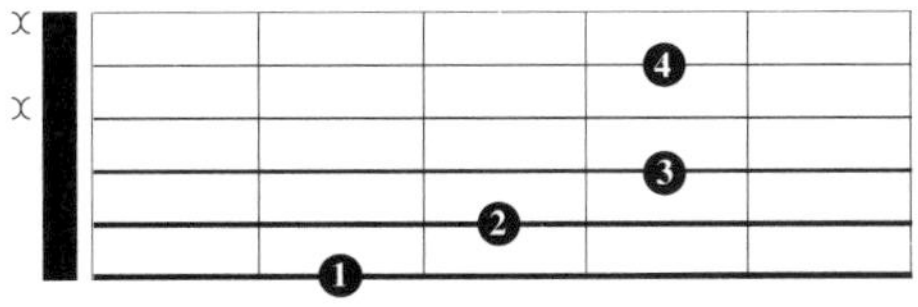

FA#/SOL♭ 7 dism.

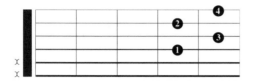

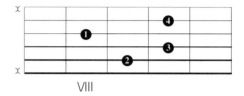

VIII

FA#/SOL♭ 7/5#

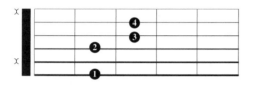

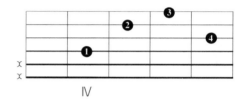

IV

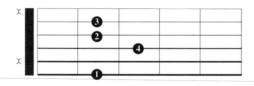

VII

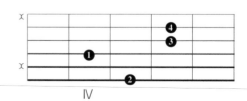

XI

FA#/SOL♭ -7+

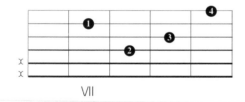

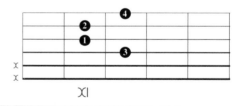

IV

FA#/SOL♭ -7+

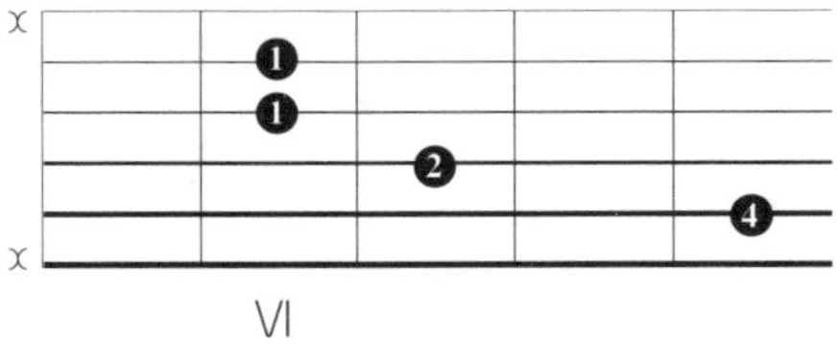

VI

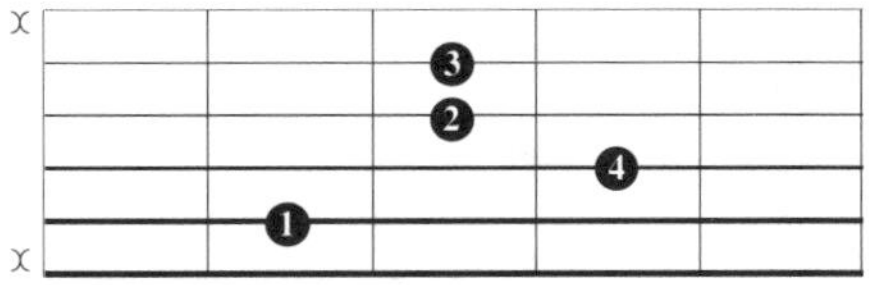

FA#/SOL♭ 7añad.4

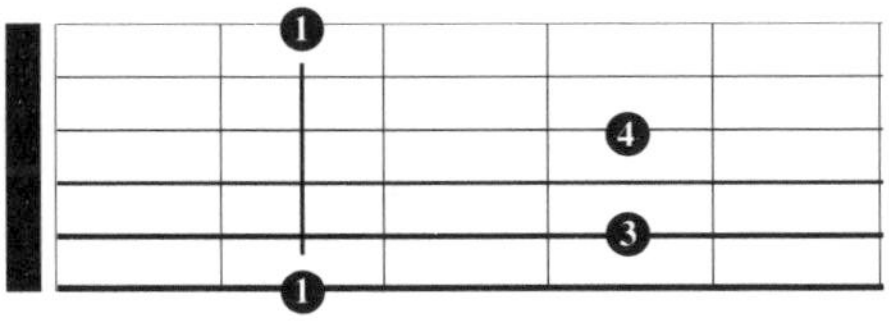

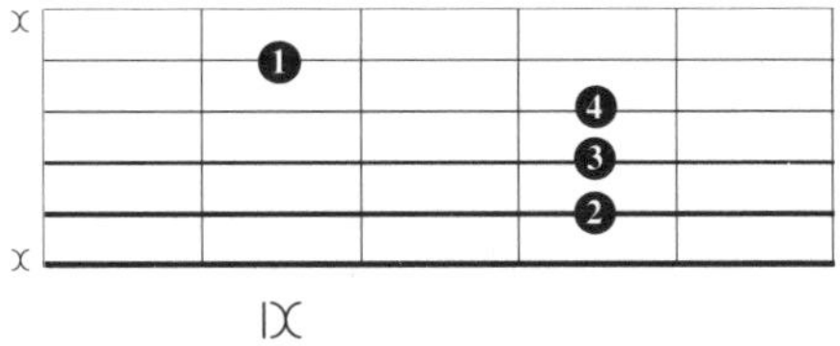

IX

FA#/SOL♭ 7añad.4

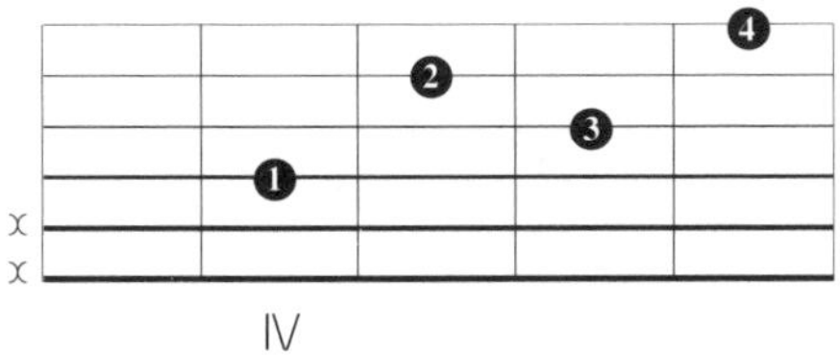

IV

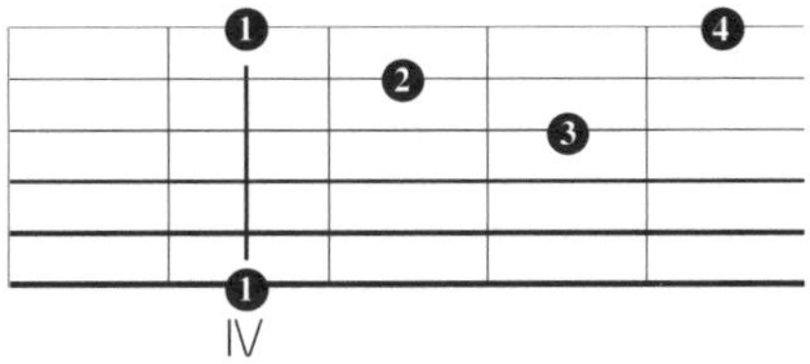

IV

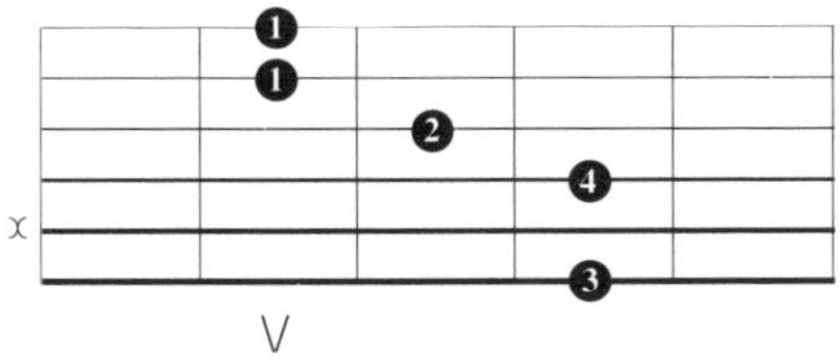

V

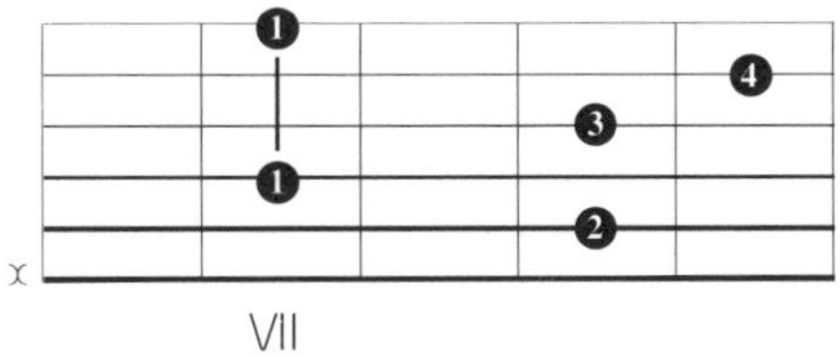

VII

FA#/SOL♭ 9

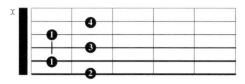

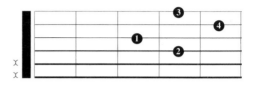

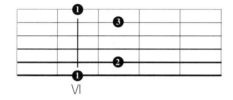

VI

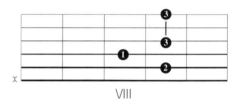

VIII

FA#/SOL♭7+/9

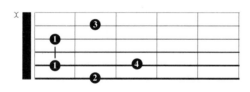

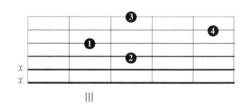

III

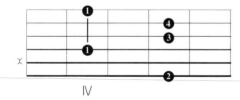

IV

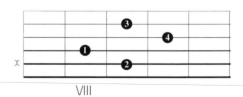

VIII

FA#/SOL♭ -9

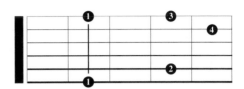

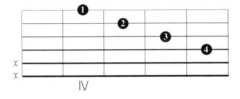

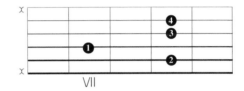

IV

VII

FA#/SOL♭ 11

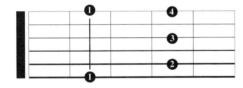

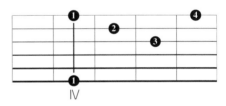

IV

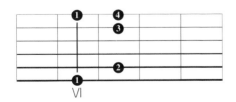

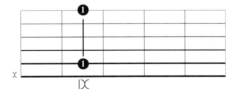

VI

IX

FA#/SOL♭ 13

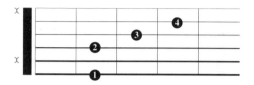

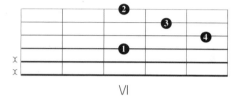

VI

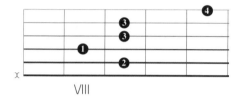

VIII

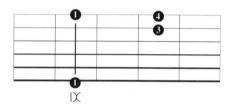

IX

Sol
G

SOL Mayor

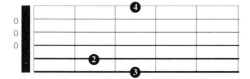

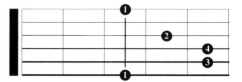

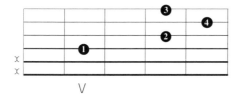

V

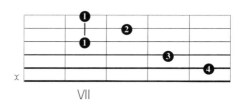

VII

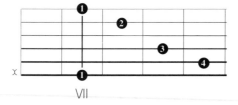

VII

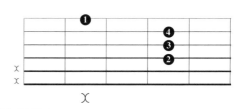

X

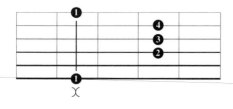

X

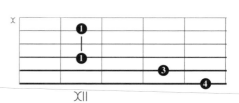

XII

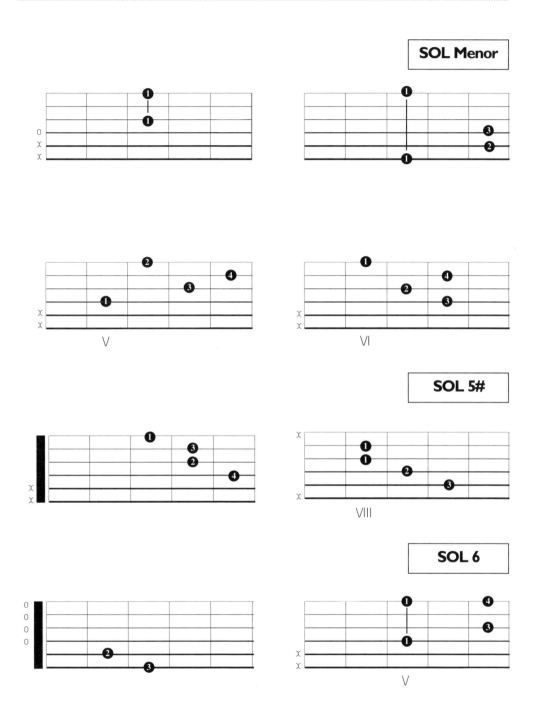

SOL Menor

SOL 5#

SOL 6

SOL 6

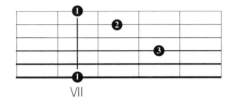

VII

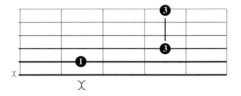

X

SOL-6

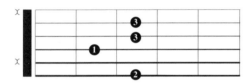

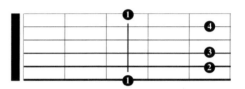

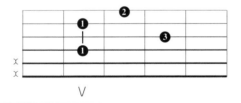

V

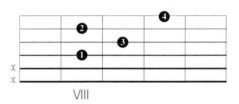

VIII

SOL 6/9

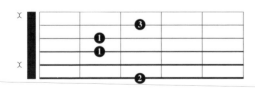

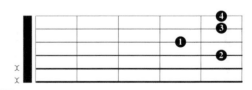

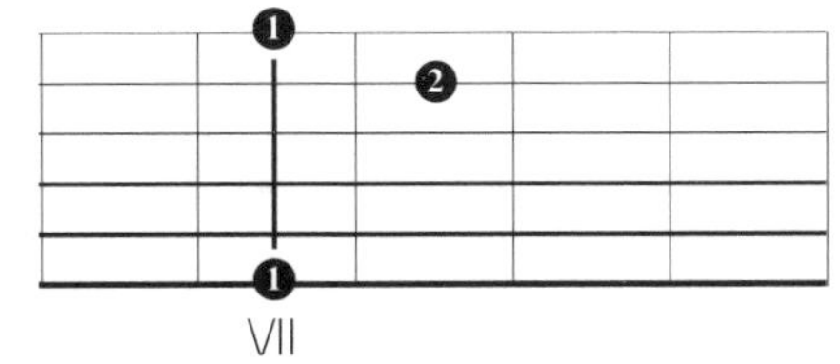

SOL 6/9

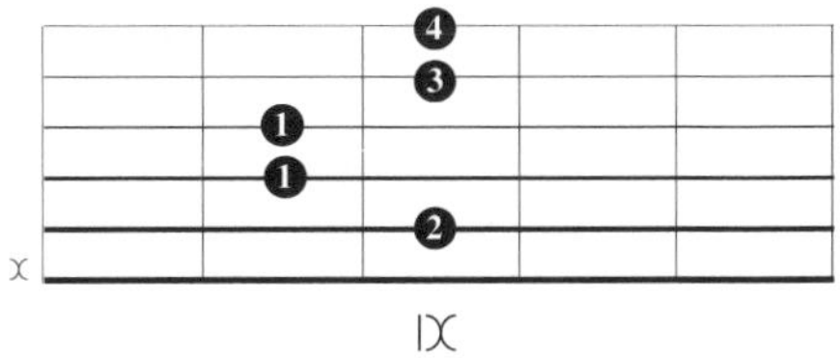

VII

IX

SOL 7

V

VII

VIII

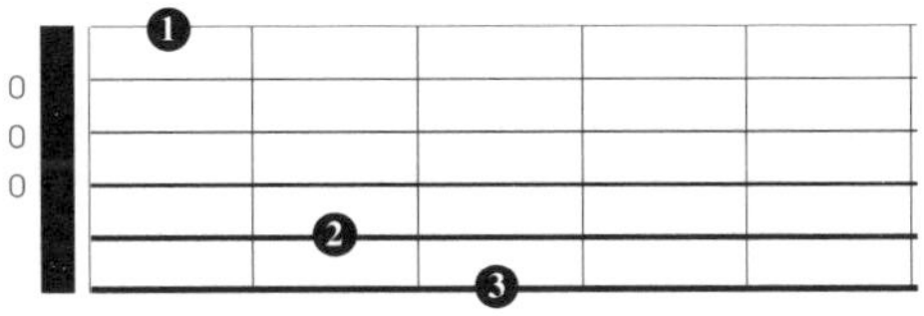

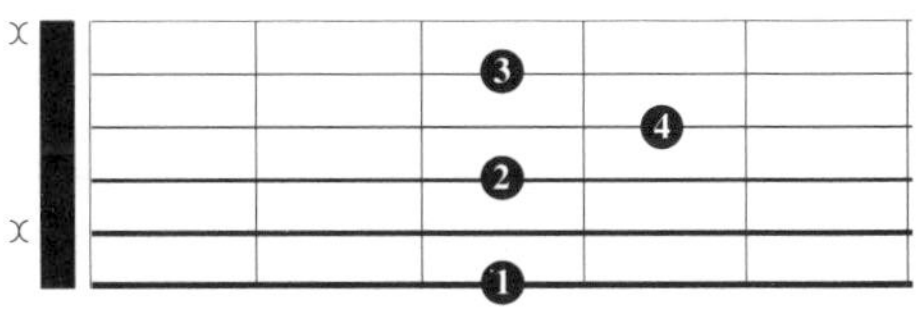

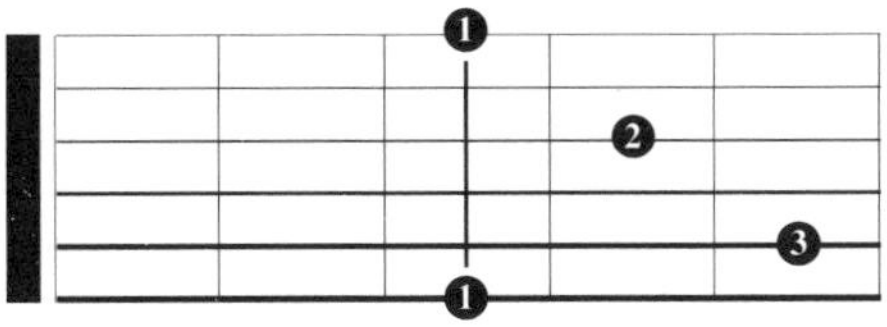

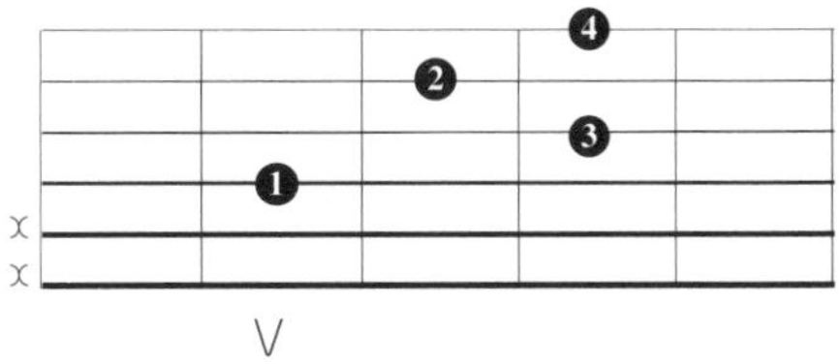

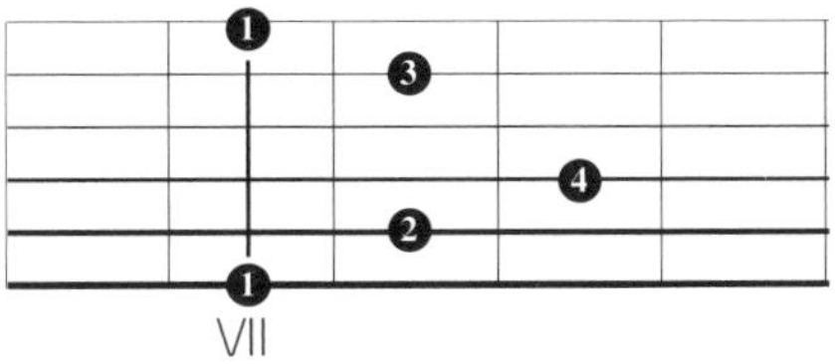

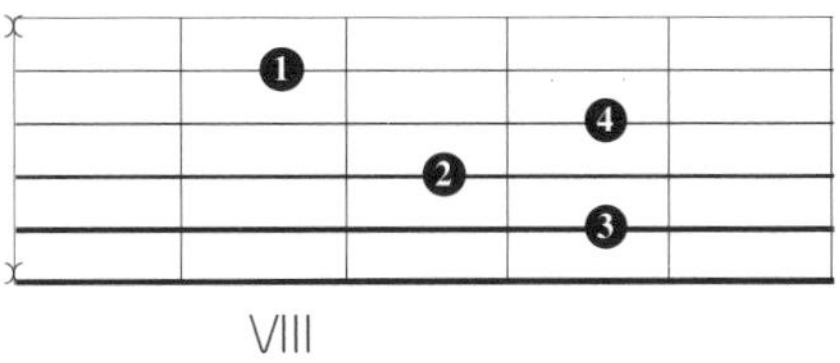

SOL 7

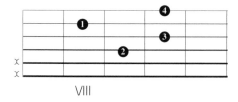

VIII

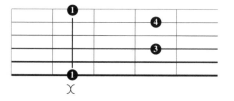

X

SOL-7

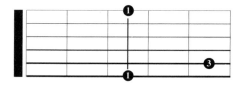

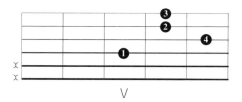

V

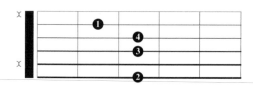

VI

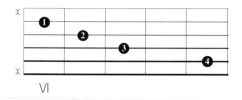

X

SOL-7/5ᵇ

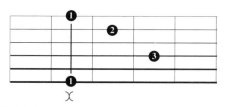

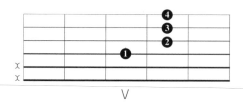

V

SOL -7/5ᵇ

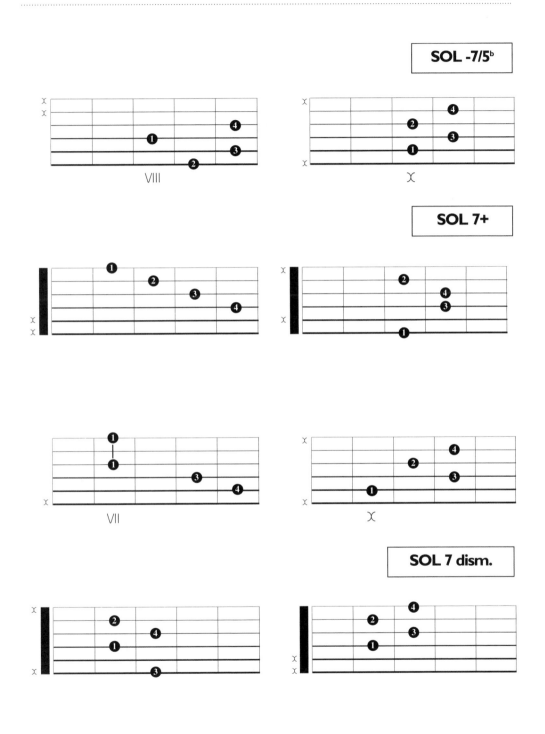

SOL 7+

SOL 7 dism.

SOL 7dism.

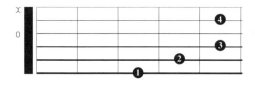

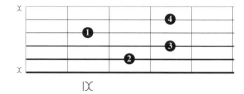

IX

SOL 7/5#

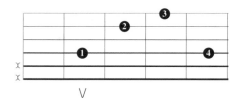

V

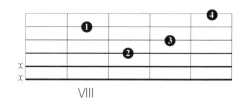

VIII

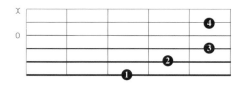

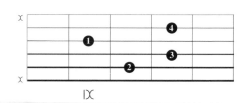

IX

SOL-7+

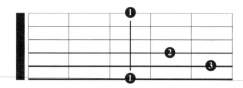

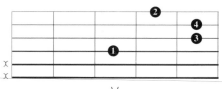

V

SOL-7+

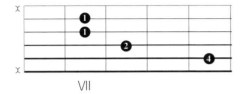

VII

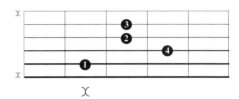

X

SOL 7añd.4

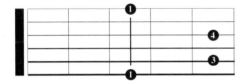

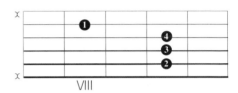

VIII

SOL-7añad.4

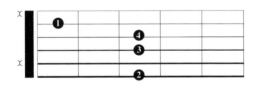

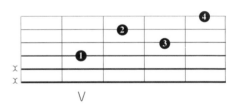

V

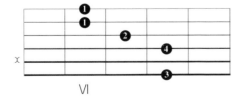

VI

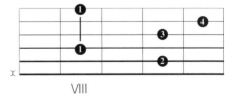

VIII

SOL 9

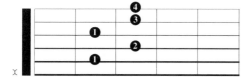

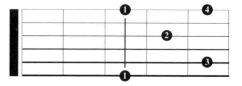

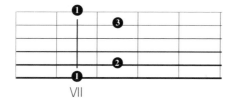

VII

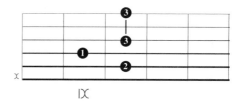

IX

SOL 7+/9

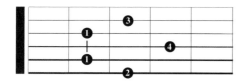

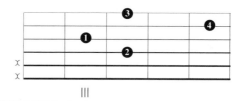

III

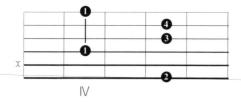

IV

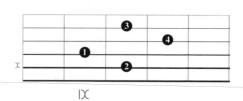

IX

SOL-9

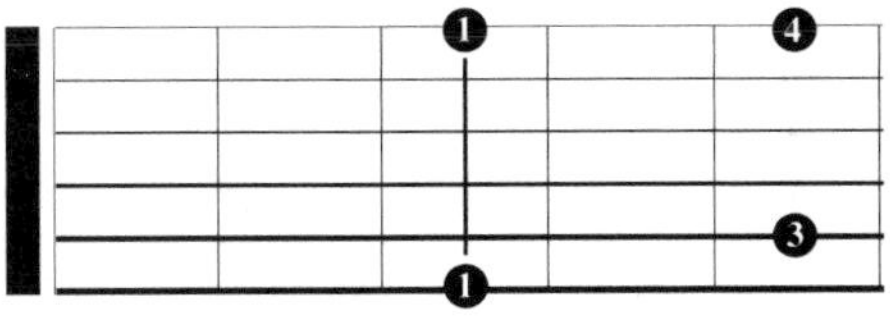

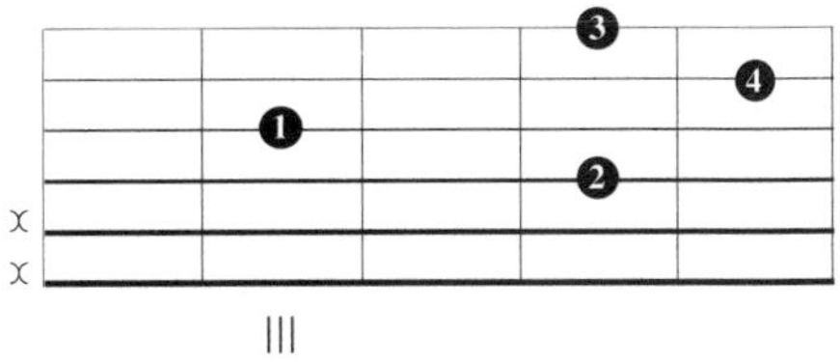

III

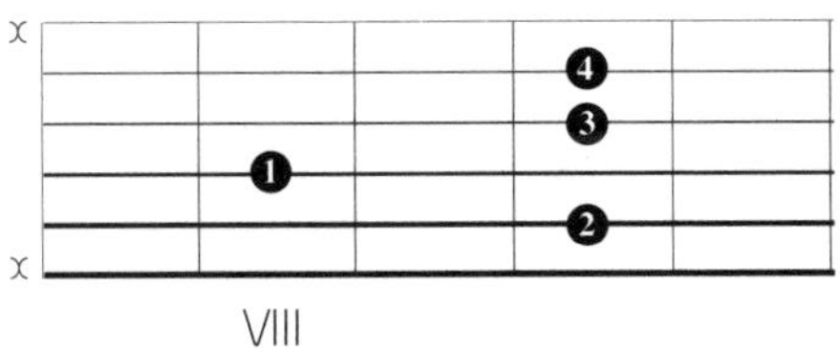

VIII

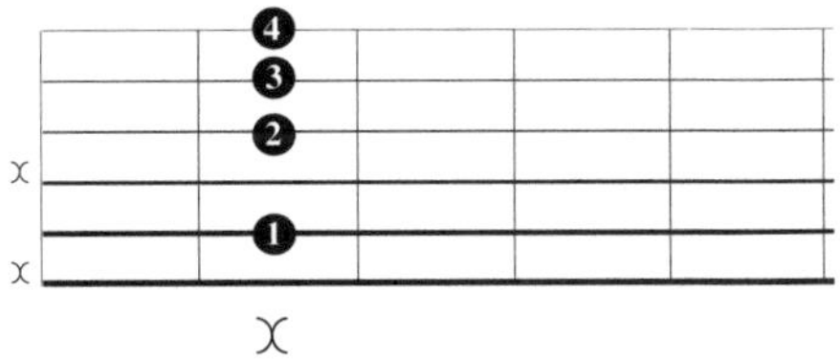

χ

SOL 11

V

χ

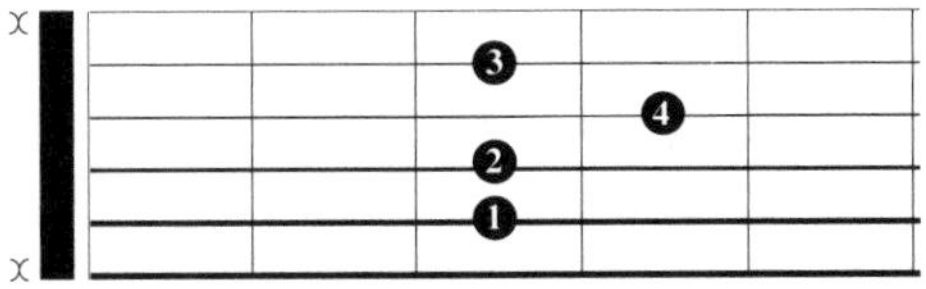

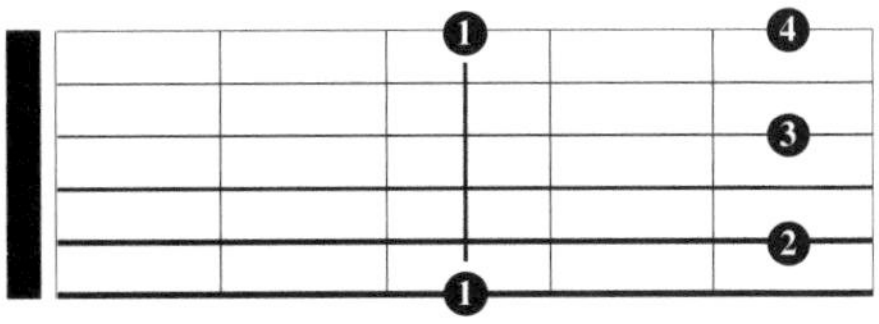

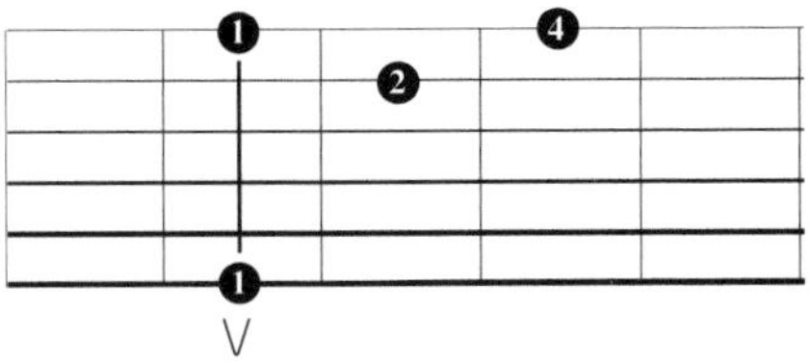

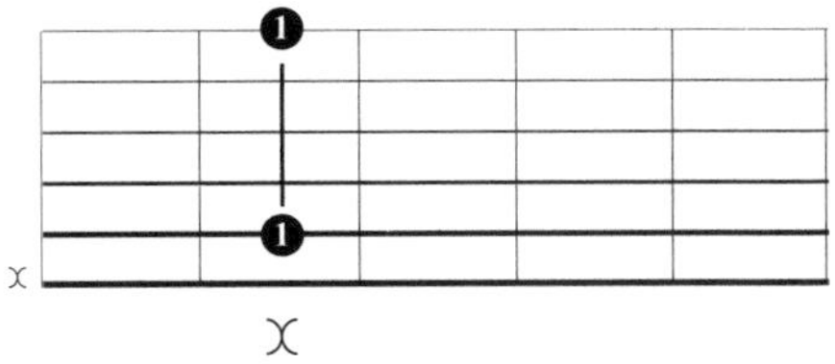

SOL 13

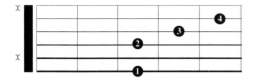

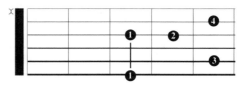

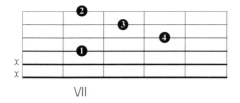

VII

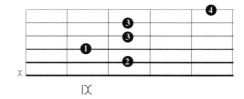

IX

Sol#/La♭

G#/A♭

SOL# Mayor

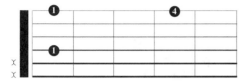

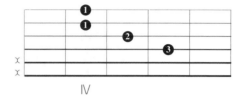

IV

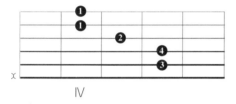

IV

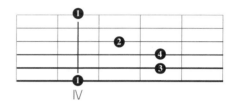

IV

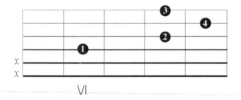

VI

VIII

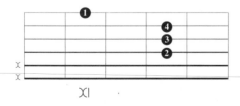

XI

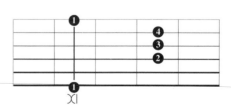

XI

SOL# Menor

SOL#5#

SOL#6

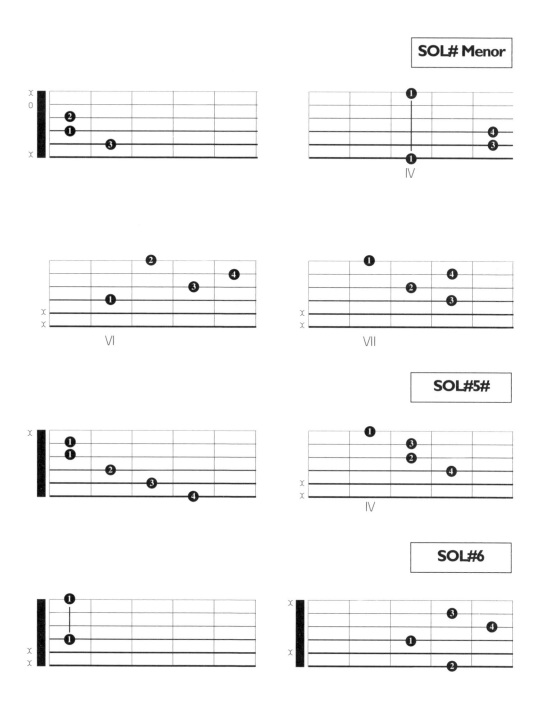

SOL#6

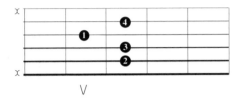

V

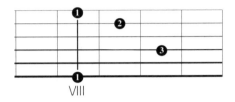

VIII

SOL#-6

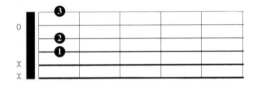

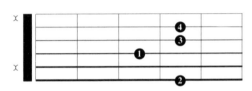

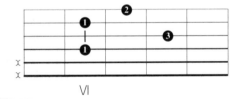

VI

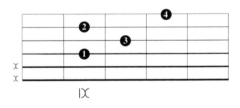

IX

SOL#6/9

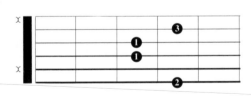

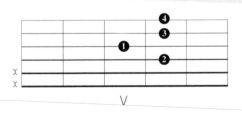

V

SOL# 6/9

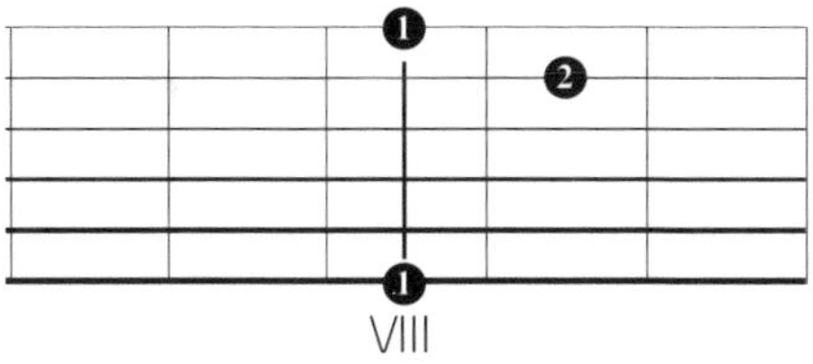

VIII

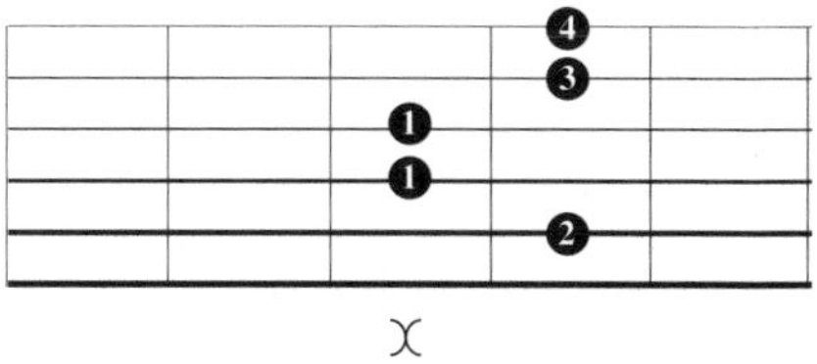

X

SOL#7

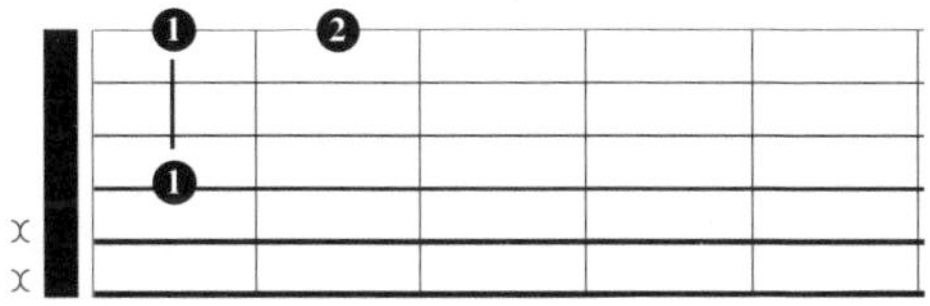

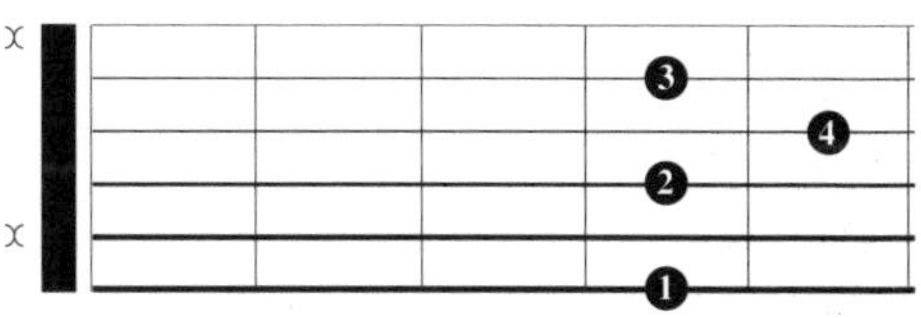

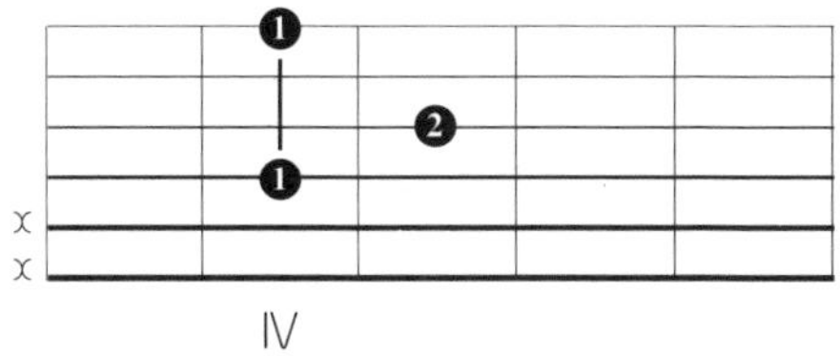

IV

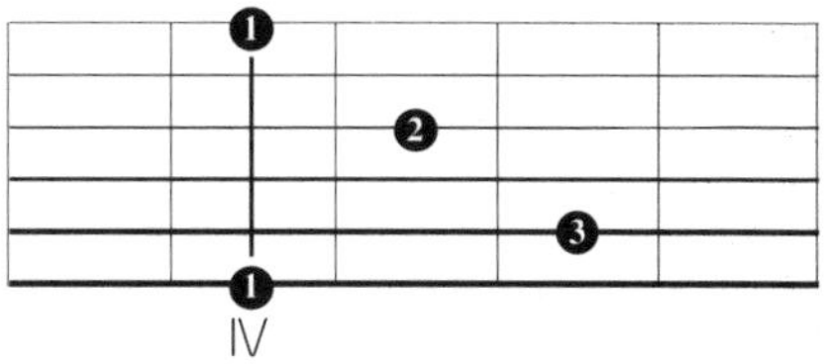

X

IV

VI

VIII

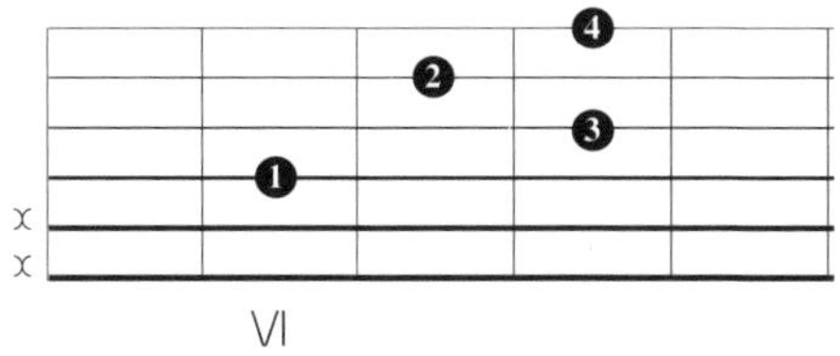

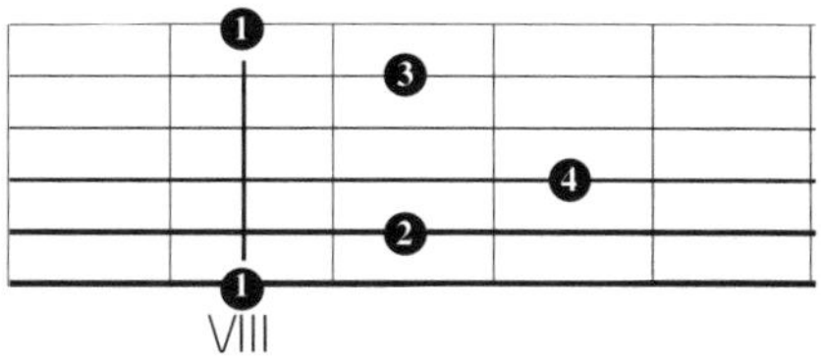

SOL#7

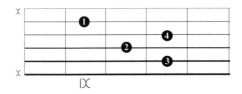

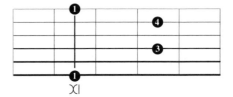

SOL#-7

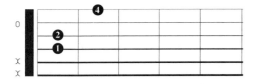

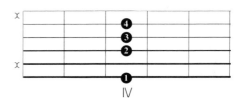

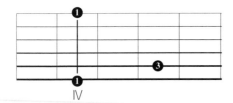

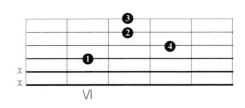

SOL#-7/5ᵇ

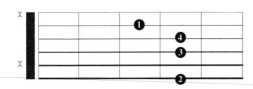

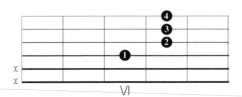

SOL# -7/5♭

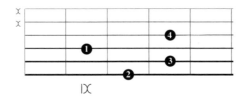

IX

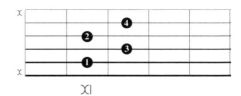

XI

SOL#7+

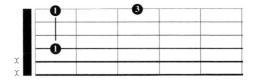

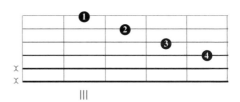

III

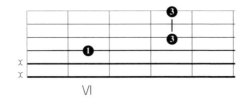

VI

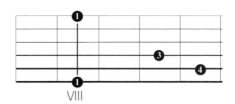

VIII

SOL#7 dism.

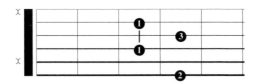

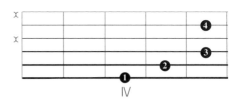

IV

SOL# 7 dism.

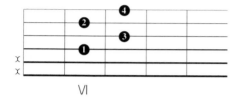

VI

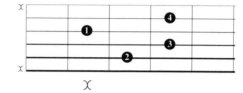

X

SOL# 7/5+

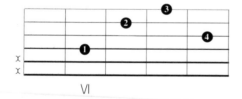

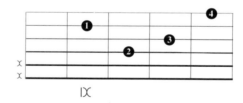

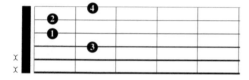

VI

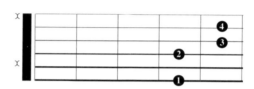

IX

SOL#7+

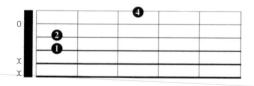

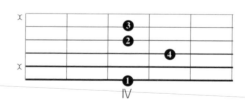

IV

SOL#-7+

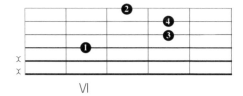

VI

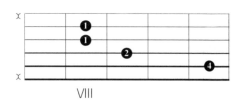

VIII

SOL#7 añad.4

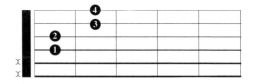

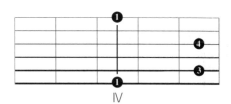

IV

SOL#-7añad.4

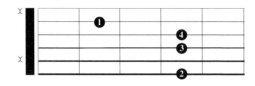

II

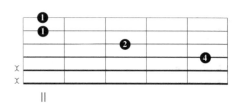

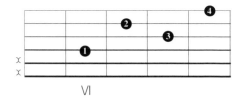

VI

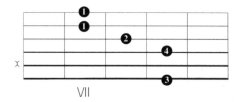

VII

SOL#9

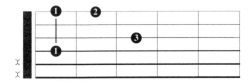

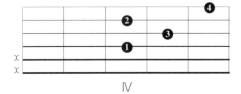

IV

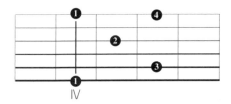

IV

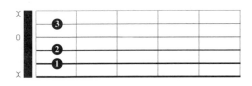

X

SOL#7+/9

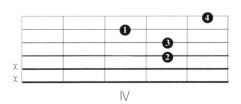

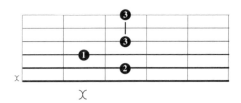

IV

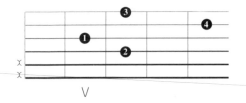

V

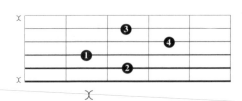

X

SOL#9

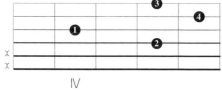

IV

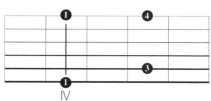

IV

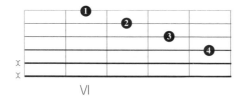

VI

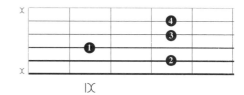

IX

SOL#11

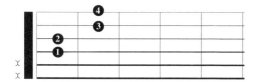

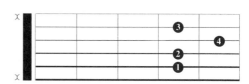

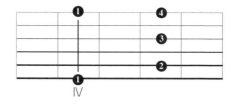

IV

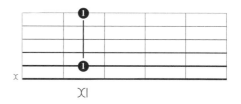

XI

SOL#13

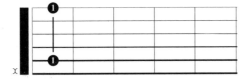
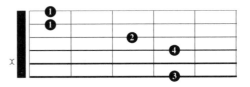

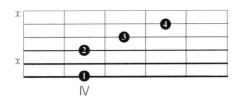
IV

VIII

$$\frac{L_A}{A}$$

LA Mayor

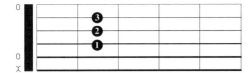

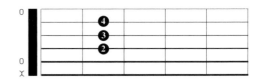

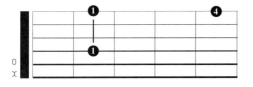

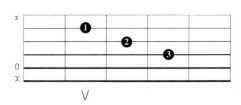

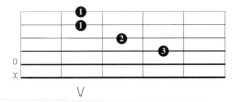

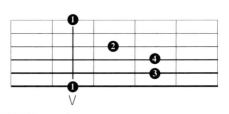

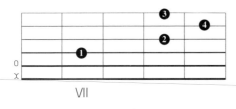

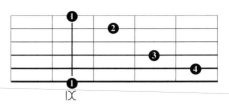

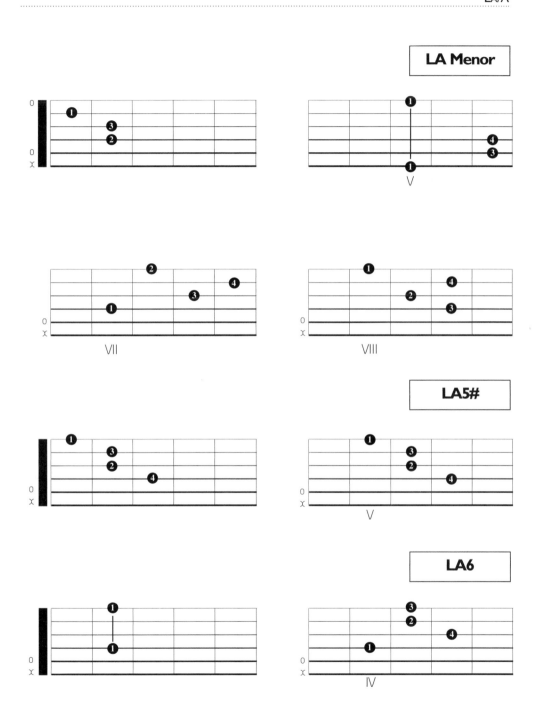

LA Menor

LA5#

LA6

LA6

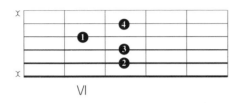

VI

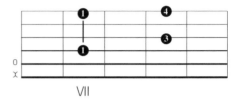

VII

LA-6

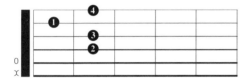

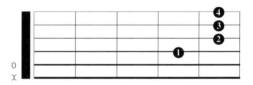

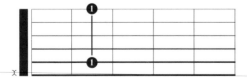

V

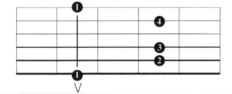

VII

LA6/9

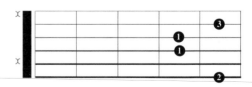

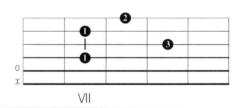

LA6/9

LA7

LA7

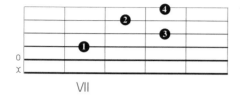

VII

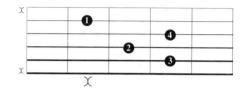

X

LA-7

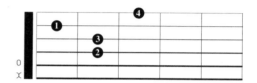

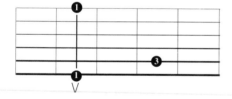

V

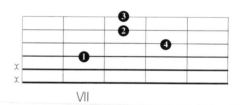

VII

LA-7/5ᵇ

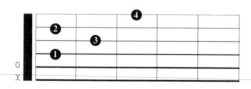

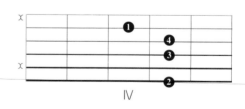

IV

LA-7/5♭

VII

X

LA7+

IV

VII

LA7 disminuido

IV

LA7 dism.

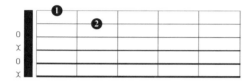

V

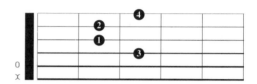

VII

LA7/5+

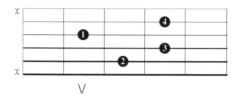

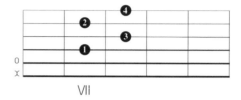

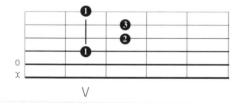

V

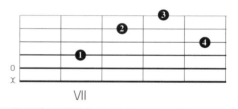

VII

LA-7+

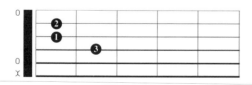

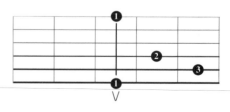

V

LA-7+

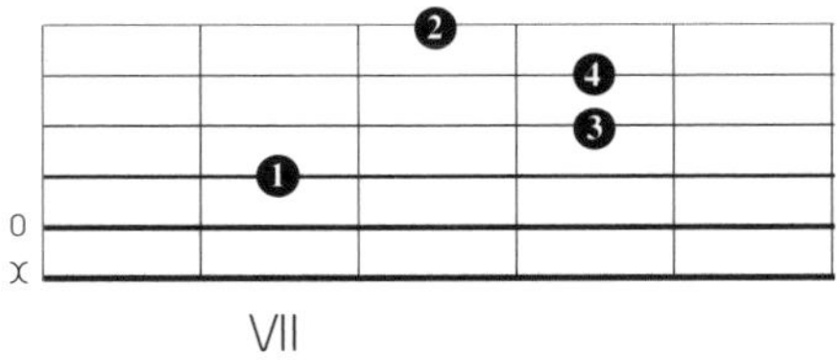

VII

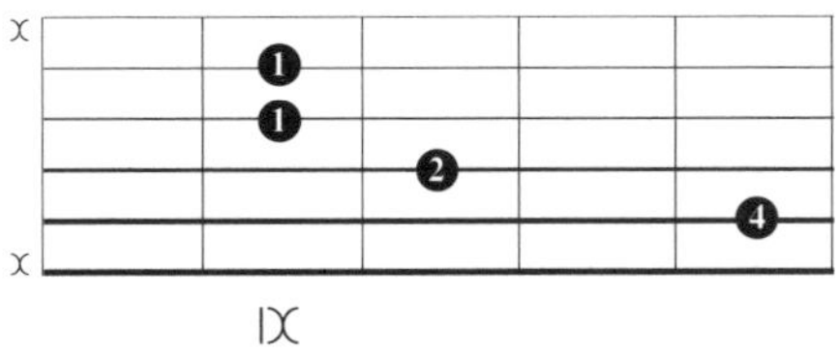

IX

LA7 añad.4

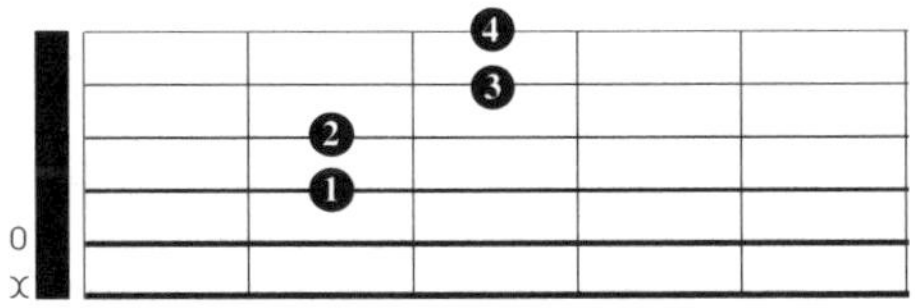

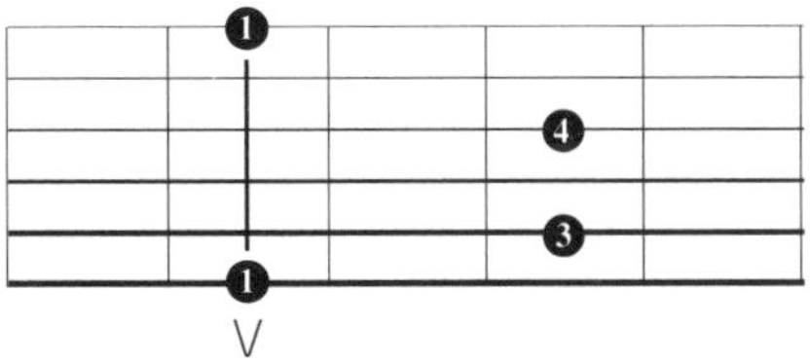

V

LA-7 añad.4

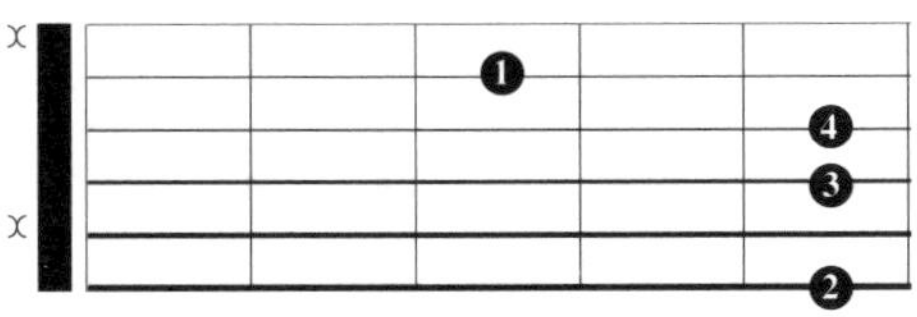

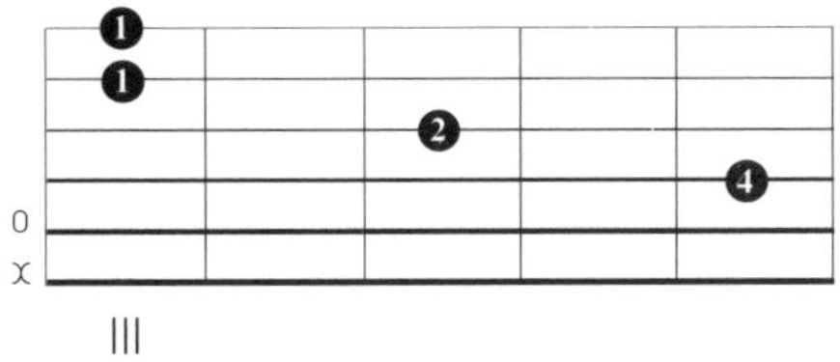

III

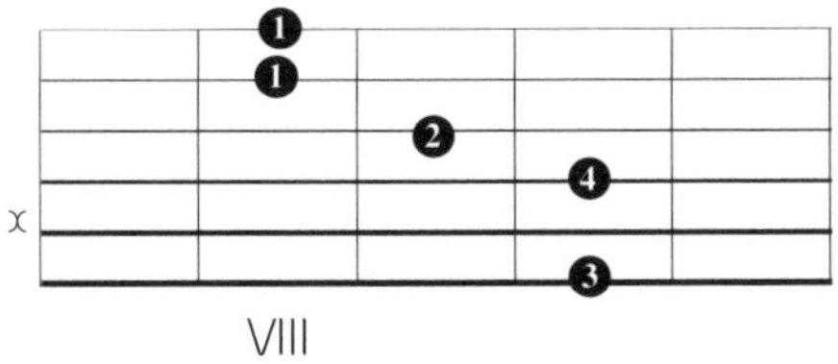

VIII

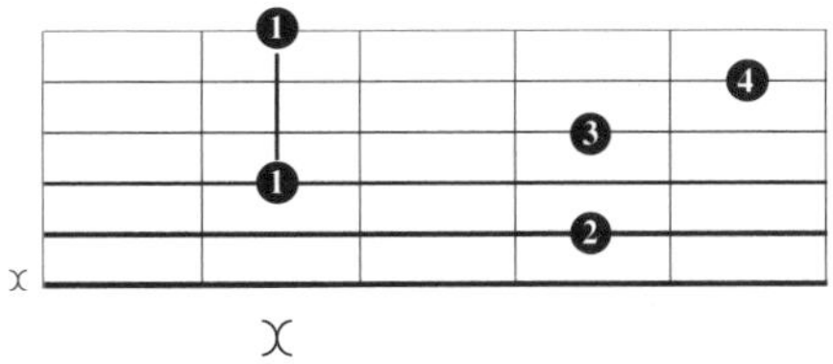

X

LA9

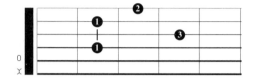

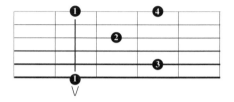

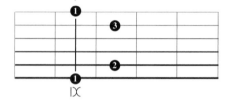

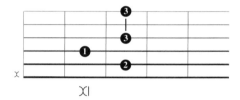

LA7+/9

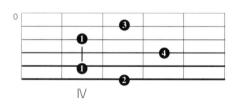

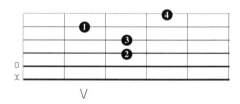

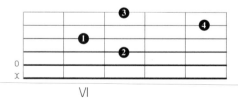

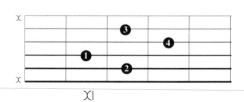

LA-9

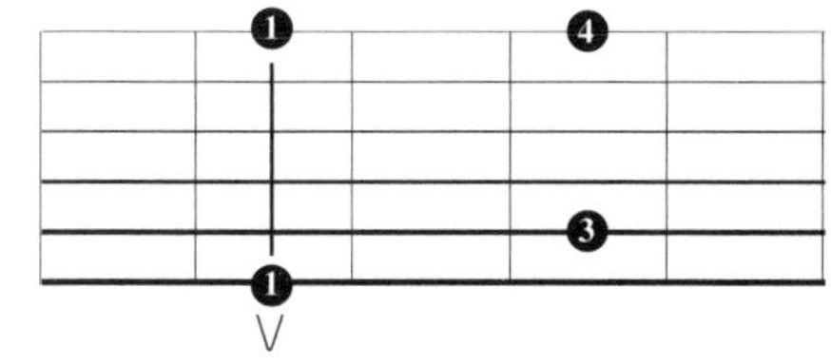

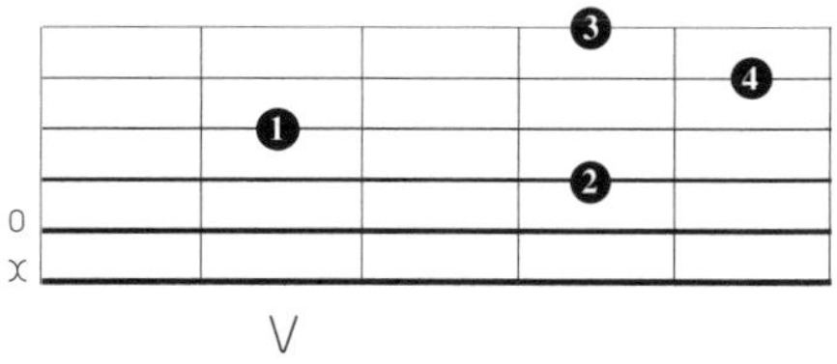

V

V

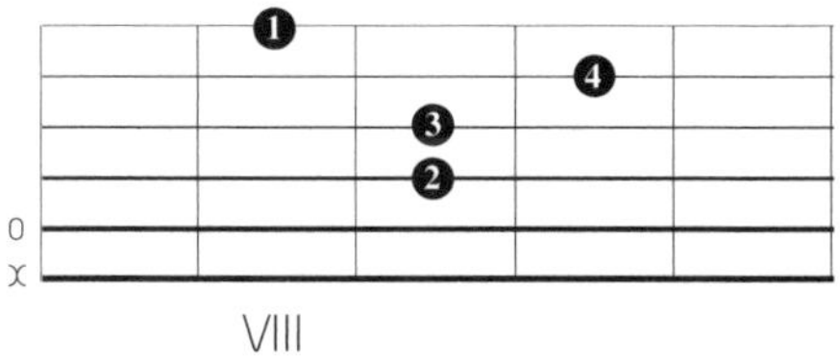

VIII

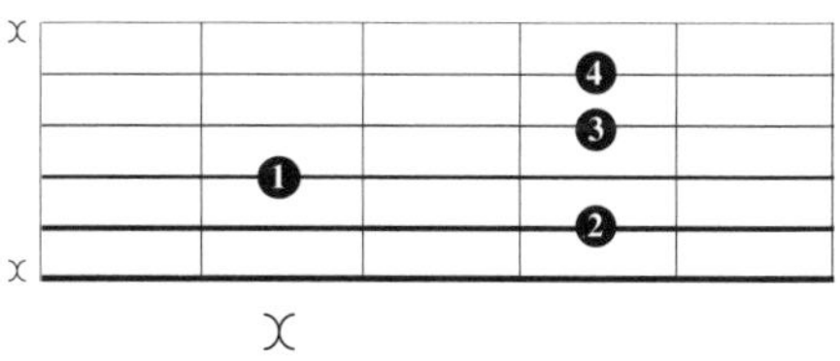

X

LA11

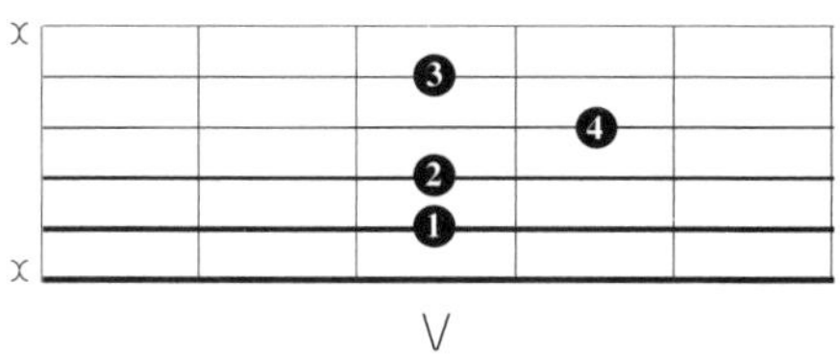

V

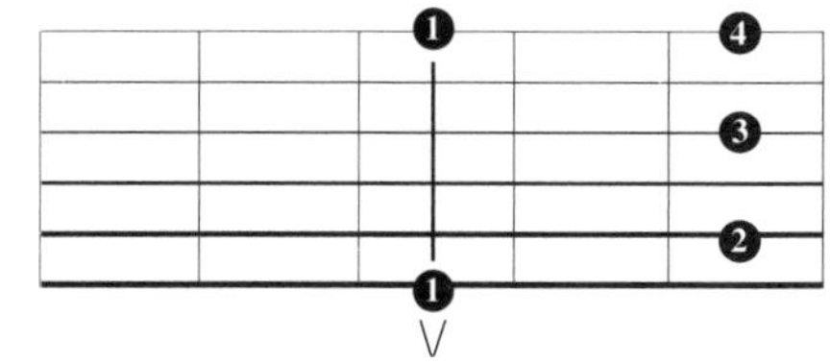

V

VII

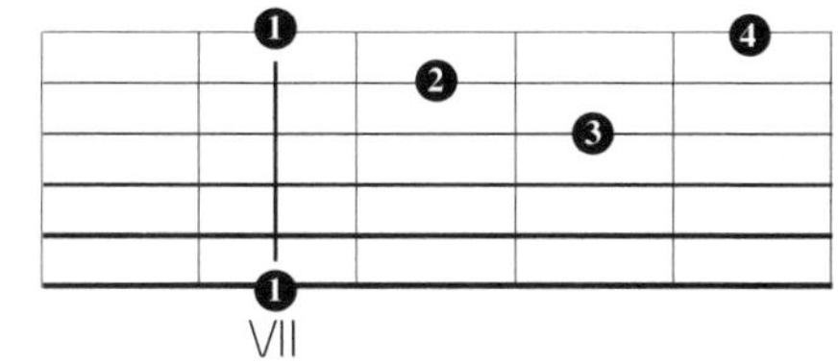

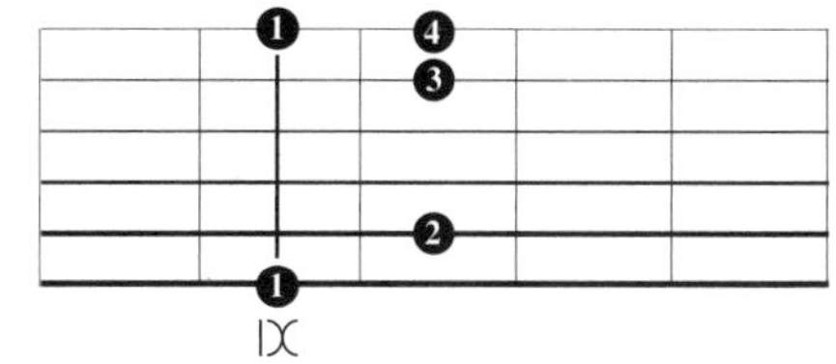

IX

LA13

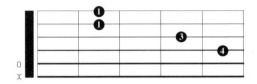

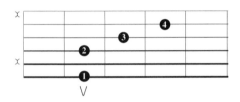

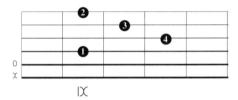

V

IX

LA#/SI♭
A#/B♭

LA# Mayor

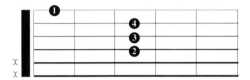

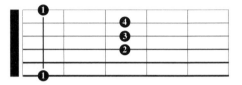

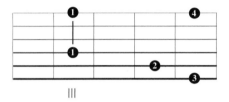

III

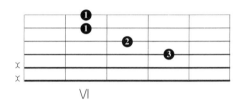

VI

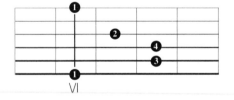

VI

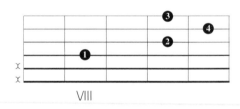

VIII

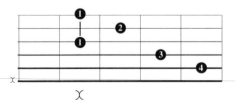

X

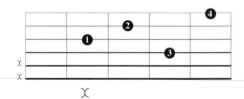

X

LA# Menor

VI

IX

LA# 5#

II

VII

LA# 6

V

LA# 6

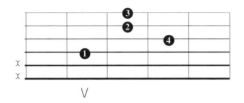

V

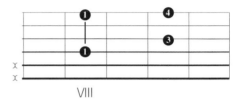

VIII

LA#-6

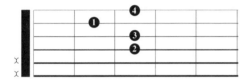

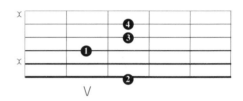

V

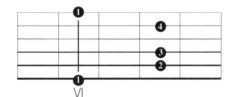

VI

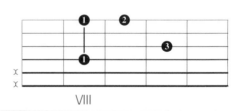

VIII

LA#6/9

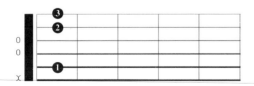

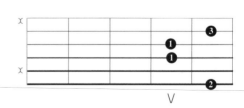

V

LA#6/9

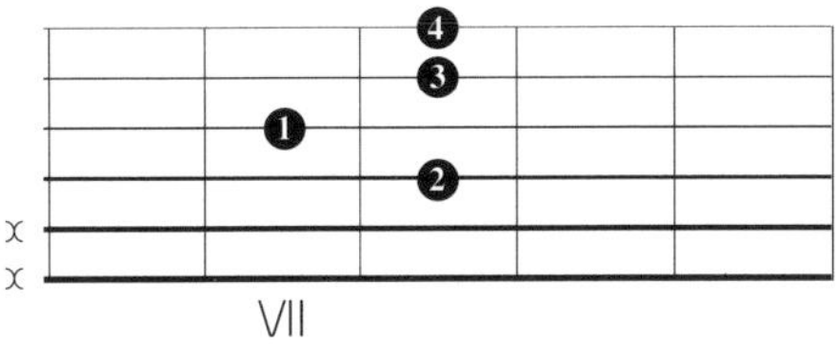

VII

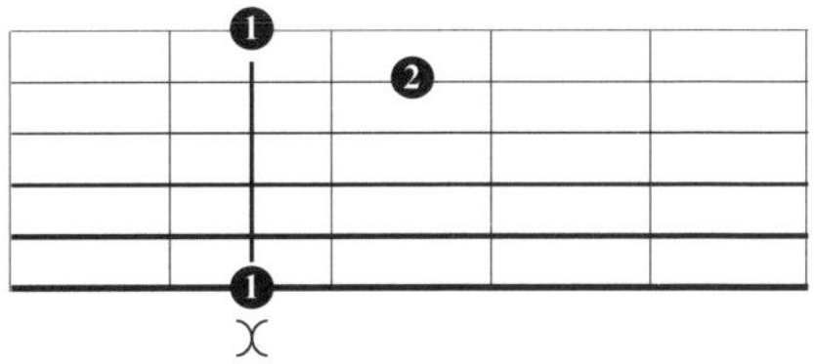

LA#7

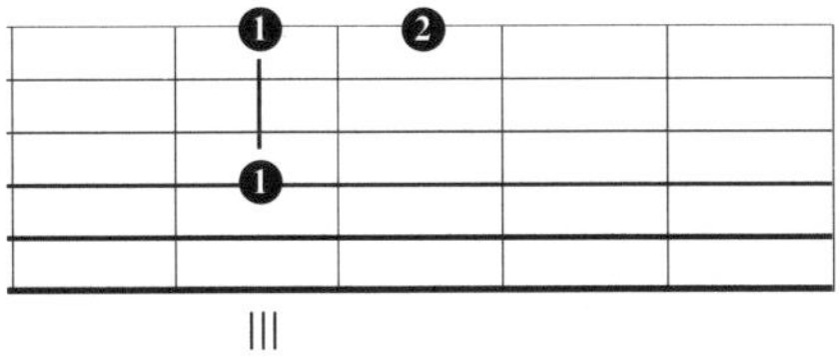

III

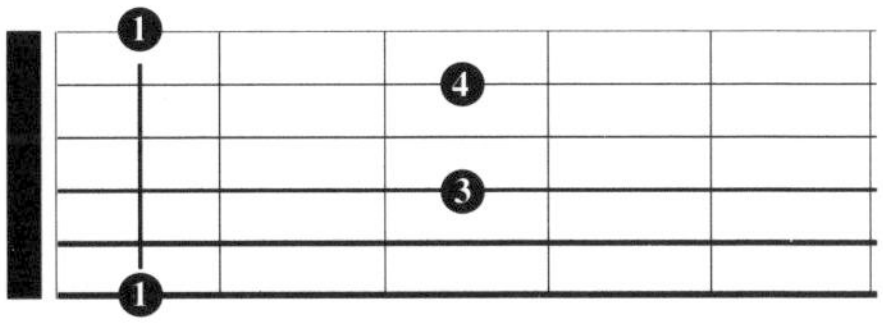

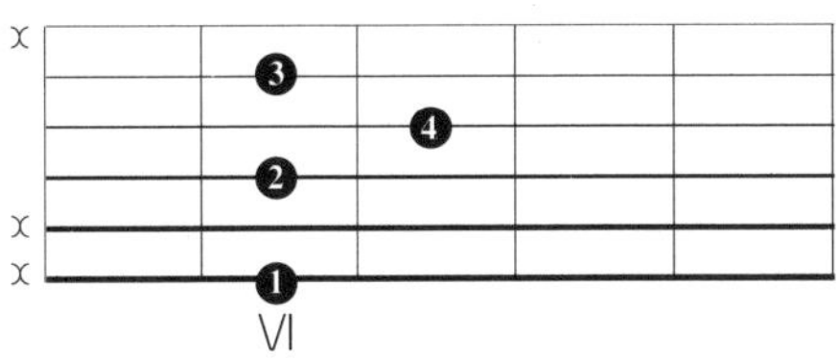

VI

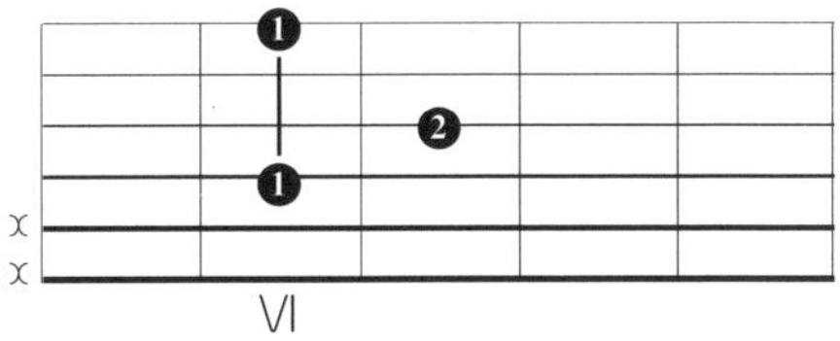

VI

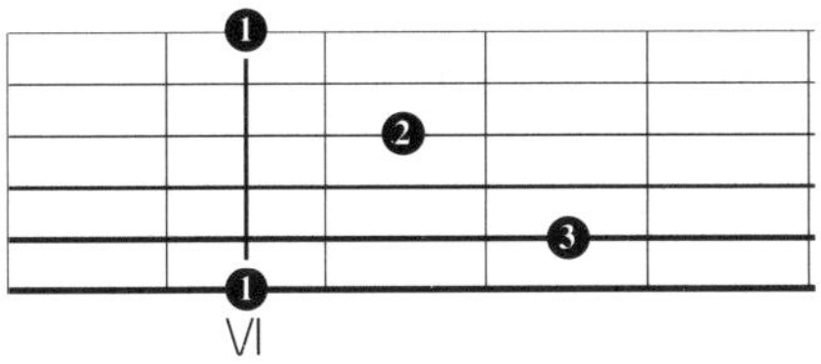

VI

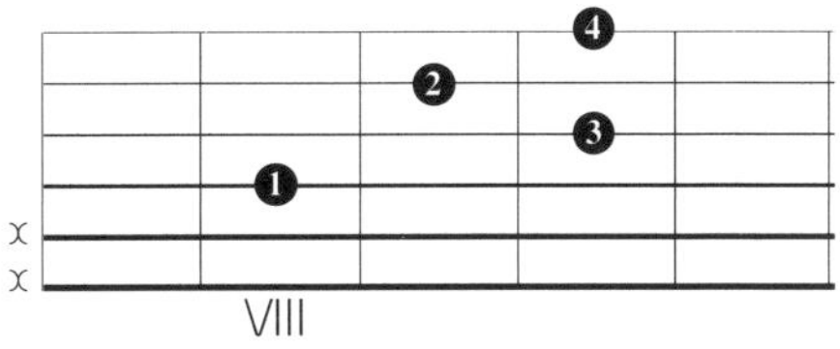

VIII

LA#7

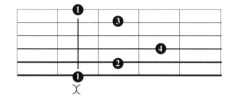

X

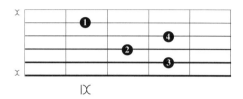

IX

LA#-7

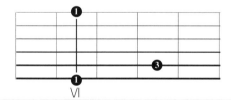

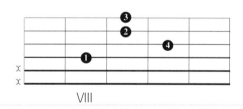

III

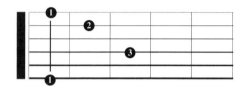

VI

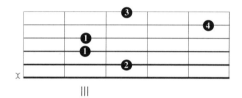

VIII

LA# -7/5ᵇ

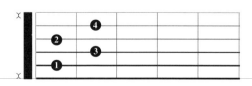

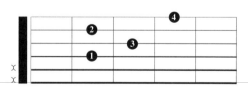

LA#-7/5b

LA#7+

LA# 7 dism.

LA# 7 dism.

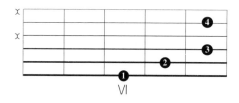

VI

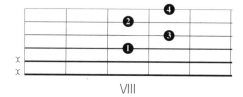

VIII

LA#7/5+

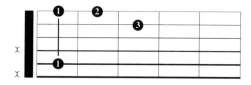

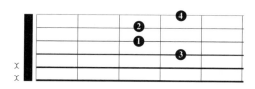

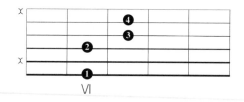

VI

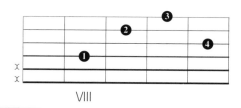

VIII

LA#-7+

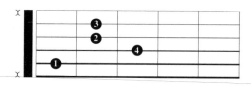

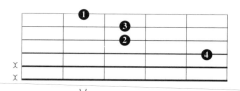

V

LA#-7+

LA#7 añad.4

LA#-7 añad.4

LA#9

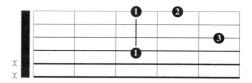

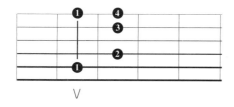
V

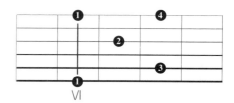
VI

LA#7+/9

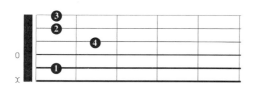

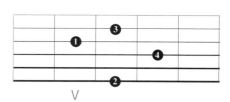
V

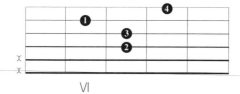
VI

VII

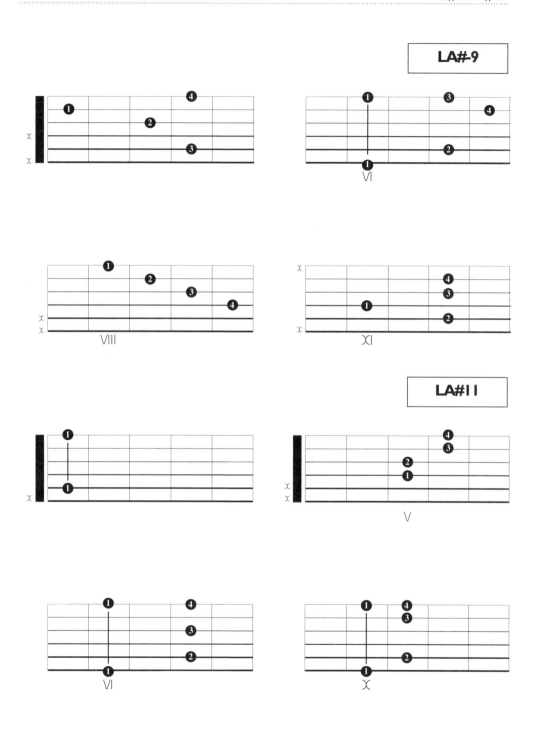

LA#-9

LA#11

LA#13

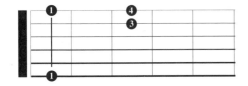

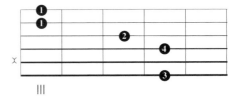

III

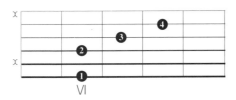

VI

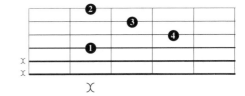

X

$$\frac{S_I}{B}$$

SI Mayor

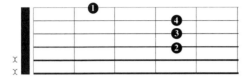

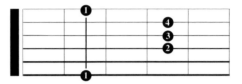

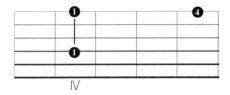

IV

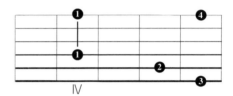

IV

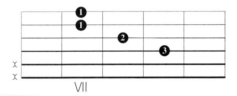

VII

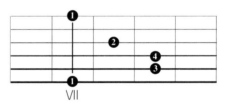

VII

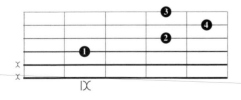

IX

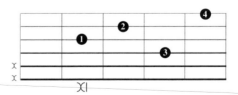

XI

SI Menor

SI 5+

SI 6

SI6

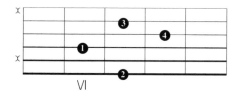

VI   IX

SI-6

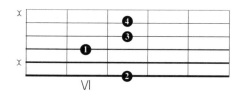

VI

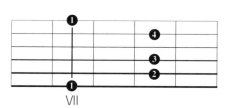

VII

SI6/9

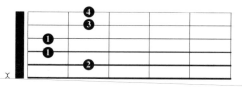

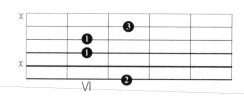

VI

SI 6/9

SI 7

SI7

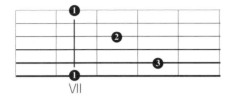
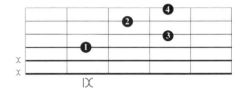

SI-7

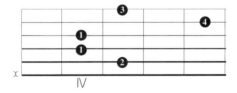
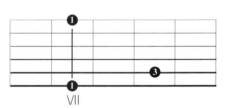

SI-7/5ᵇ

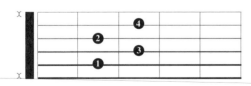
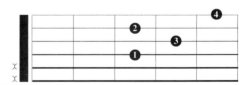

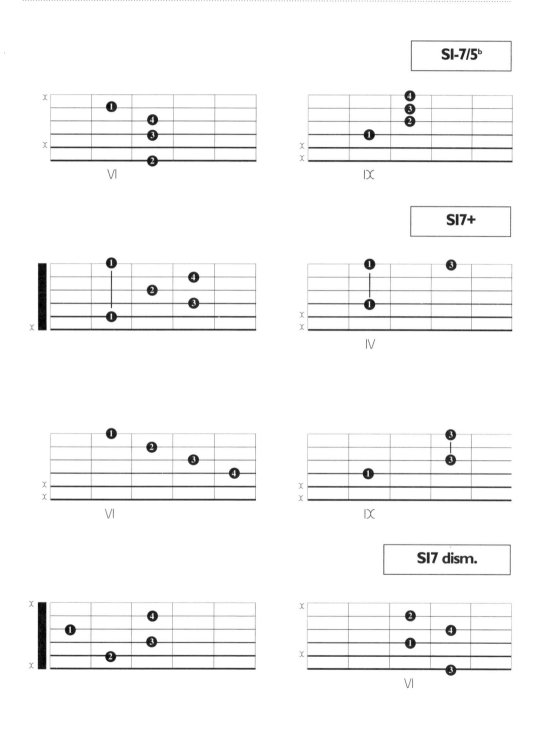

SI-7/5ᵇ

SI7+

SI7 dism.

SI7 dism.

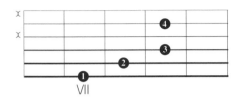

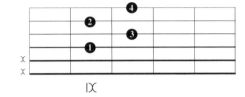

SI7/5+

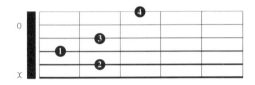

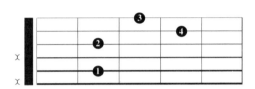

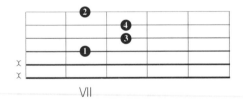

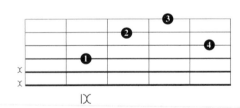

SI-7+

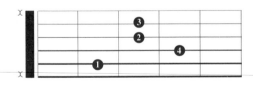

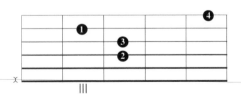

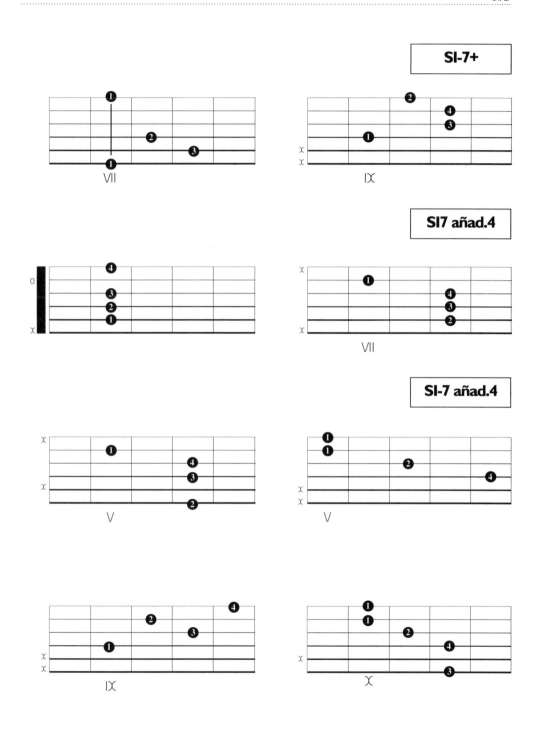

SI-7+

SI7 añad.4

SI-7 añad.4

SI9

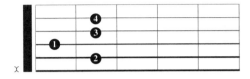

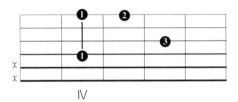

IV

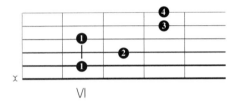

VI

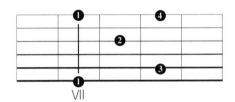

VII

SI7+/9

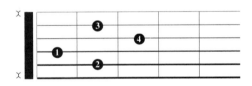

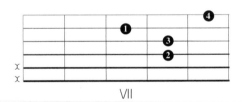

VII

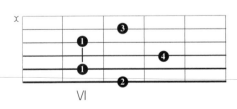

VI

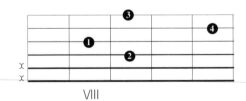

VIII

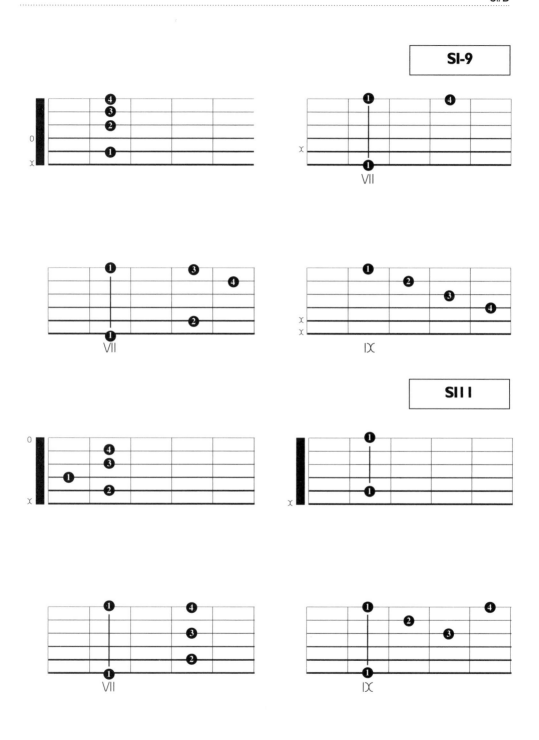

SI13

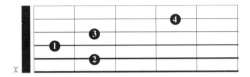

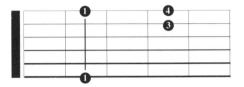

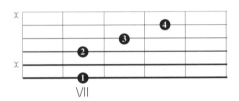

VII

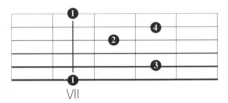

VII

Sexta parte

CANCIONES

Dire Straits: Private investigations (Investigaciones privadas)

La partitura ha sido transcrita en su versión simplificada desarrollando exclusivamente la parte armónica del acompañamiento.

Mirar el esquema para el acorde de la mano derecha:

Tocar a la vez **p** y **a**, sucesivamente **a**, **m**, **i**.
Ejecutar el arpegio para cada medida de la partitura.

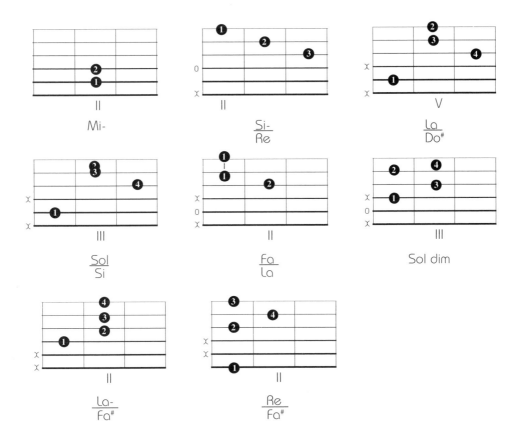

Para el resto de las posiciones, consultar el capítulo "Acordes y Posiciones".

Pino Daniele: Sicily

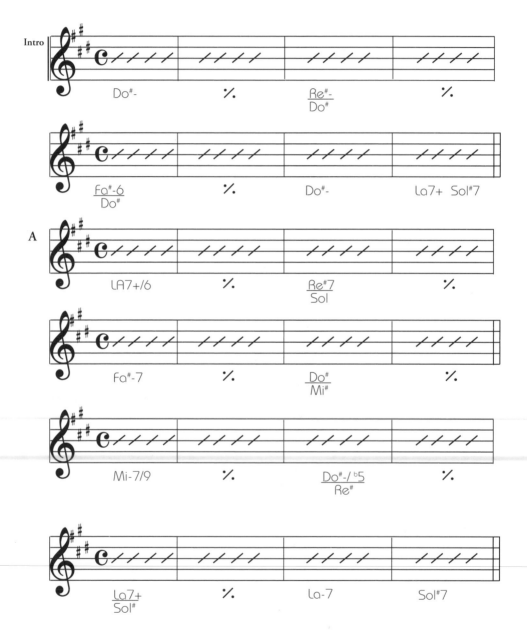

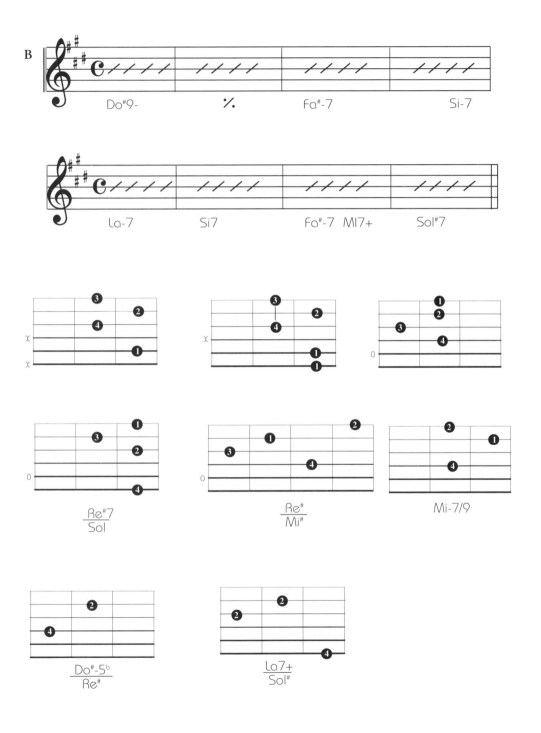

Para el resto de las posiciones, consultar el capítulo "Acordes".

Séptima parte

EJERCICIOS

EJERCICIO I

La finalidad de este ejercicio es adquirir agilidad y ubicarse en el diapasón. Para lograrlo es importante no levantar excesivamente los dedos de la mano izquierda, o lo que es lo mismo: «ligar las notas». El movimiento se produce por semitonos. El objetivo es lograr adquirir velocidad y no mirar el diapasón de la guitarra mientras se ejecuta.

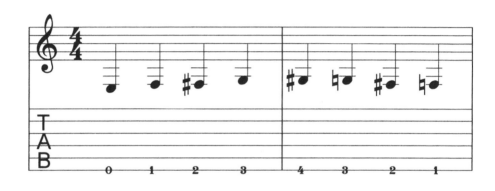

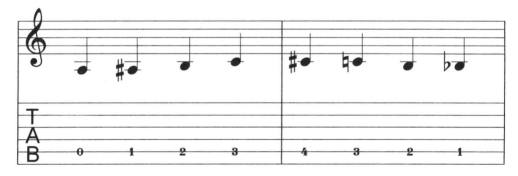

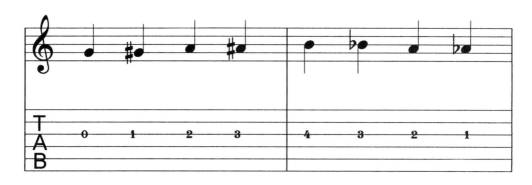

EJERCICIO 2

Este caso es una variación del ejercicio 1, sin embargo el movimiento de notas se produce por tonos y semitonos, lo cual añade cierta dificultad. El objetivo es el mismo que en el ejercicio 1, teniendo en cuenta las mismas consideraciones a la hora de ejecutarlo.

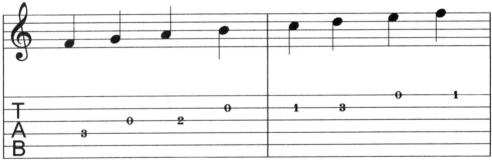

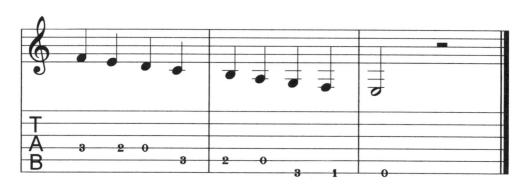

EJERCICIO 3

La siguiente secuencia de notas se produce en forma de arpeio con los grados: 1, 3, 5, y 8 de la escala Do M. Con este tipo de secuencia practicamos los intervalos de tercera y cuarta. Asimismo conseguiremos ejercitar la mano derecha.

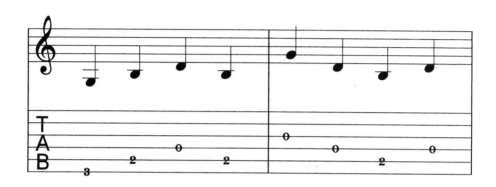

EJERCICIO 4

Con la misma secuencia de notas del ejercicio anterior, intentaremos tocar esta vez con estructura en bloque, tratando que las tres notas de cada acorde suenen simultáneamente.

Al ser acordes simples de tres notas, no será posible ejecutarlo con púa, ya que podríamos percutir más de una cuerda cada vez.

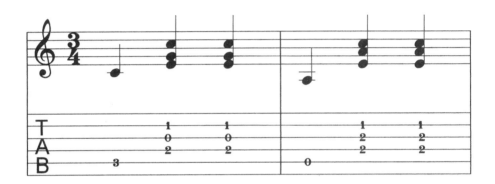

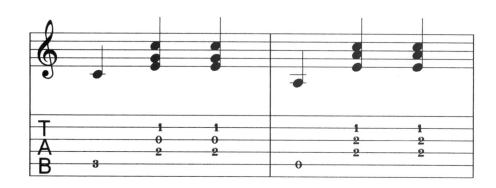

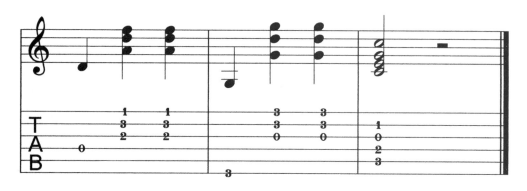

EJERCICIO 5

En este caso practicaremos la variación del bajo con la quinta y sexta cuerda. El resto del acorde, en cambio, se mantiene a modo de nota pedal. Con este ejercicio adquirimos tanto agilidad como independencia del dedo pulgar.

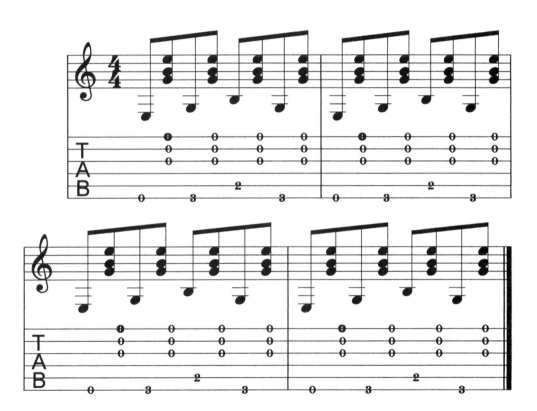

EJERCICIO 6

Este ejercicio es una versión del anterior, pero con una rítmica ternaria. Los objetivos son los mismos, aunque conviene observar que la nota «bajo» la debemos dejar sonar durante todo el compás entero.

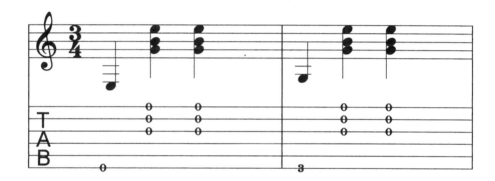

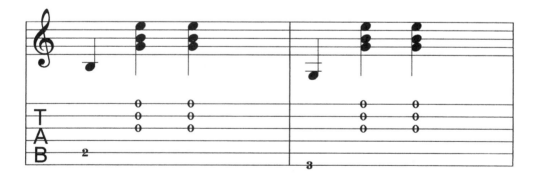

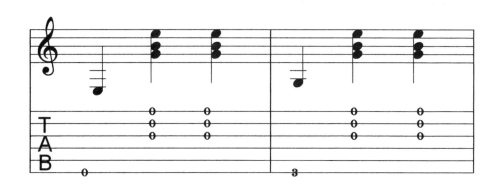

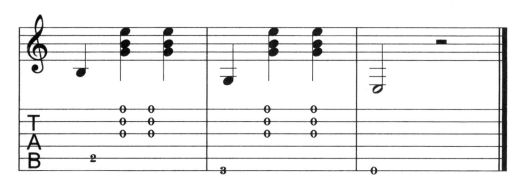

EJERCICIO 7

Estos últimos ejercicios nos servirán para conocer cuatro escalas nuevas, que en el futuro nos serán muy útiles. Esta primera es la escala «Lidia» que se forma a partir del cuarto grado de una tonalidad. Tanto su tercera como su séptima son mayores.

EJERCICIO 8

Esta es la escala «Mixolidia». Se forma a partir del quinto grado de una tonalidad. Su tercera es mayor y su séptima es menor. Es una escala típica de «Blues«.

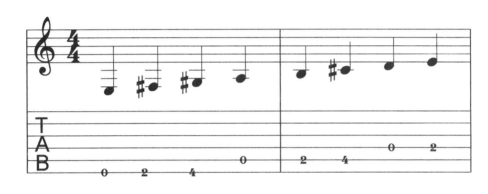

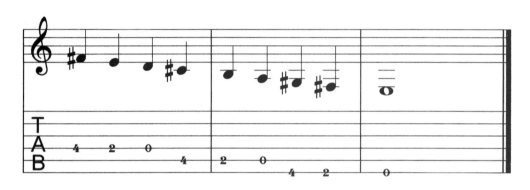

EJERCICIO 9

Nos encontramos ante una escala «Frigia». Se forma a partir del tercer grado de una tonalidad. Su tercera y su séptima son menores. No es una escala tan común como las anteriores, pero también la utilizaremos en el futuro.

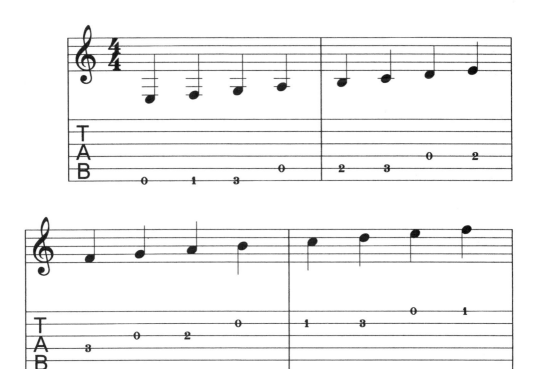

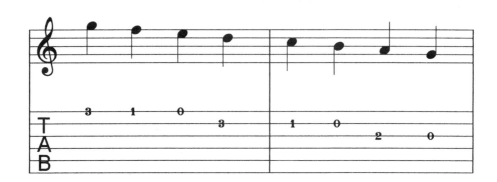

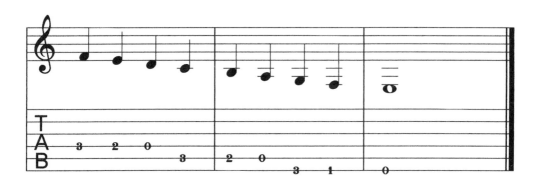

EJERCICIO 10

Por último, la escala «Dórica». Se forma a partir del segundo grado de una tonalidad. Su tercera y su séptima son menores y junto con la anterior son escalas modales.

Estas escalas nos aportan más a título teórico que práctico, lo que no impide que, mediante su práctica, adquiramos agilidad y soltura sobre todo, a la hora de improvisar.

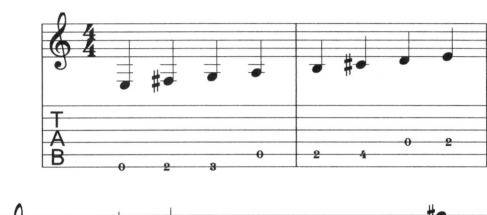

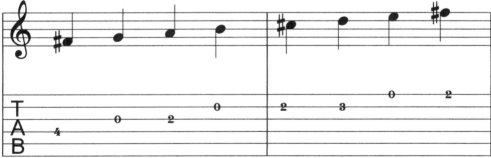

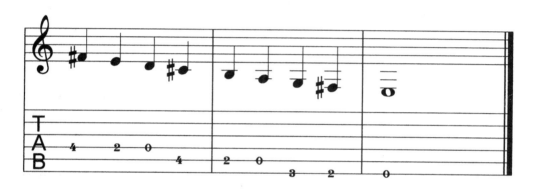